U0608754

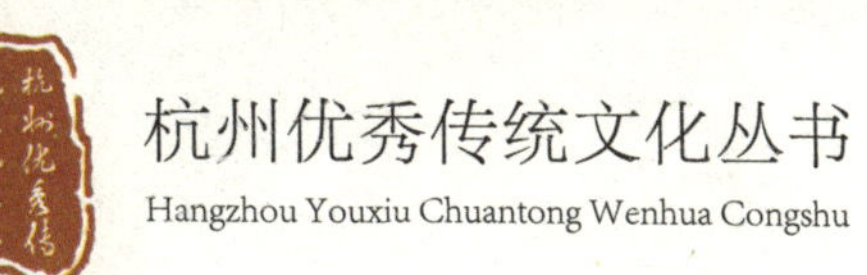

杭州优秀传统文化丛书
Hangzhou Youxiu Chuantong Wenhua Congshu

古刹寻幽

马明博——著

杭州出版社

图书在版编目（CIP）数据

古刹寻幽 / 马明博著 . -- 杭州 : 杭州出版社，2022.8

（杭州优秀传统文化丛书）

ISBN 978-7-5565-1703-9

Ⅰ . ①古… Ⅱ . ①马… Ⅲ . ①佛教－寺庙－史料－杭州 Ⅳ . ① B947.255.1

中国版本图书馆 CIP 数据核字（2021）第 278471 号

Gucha Xun You

古刹寻幽

马明博　著

责任编辑　夏斯斯
装帧设计　章雨洁
美术编辑　祁睿一
责任校对　魏红艳
责任印务　姚　霖
出版发行　杭州出版社（杭州市西湖文化广场32号6楼）
电话：0571-87997719　邮编：310014
网址：www.hzcbs.com
排　　版　浙江时代出版服务有限公司
印　　刷　天津画中画印刷有限公司
经　　销　新华书店
开　　本　710 mm × 1000 mm　1/16
印　　张　15.75
字　　数　194千
版 印 次　2023年1月第1版　2023年1月第1次印刷
书　　号　ISBN 978-7-5565-1703-9
定　　价　58.00元

序　言

文化是城市最高和最终的价值

我们所居住的城市，不仅是人类文明的成果，也是人们日常生活的家园。各个时期的文化遗产像一部部史书，记录着城市的沧桑岁月。唯有保留下这些具有特殊意义的文化遗产，才能使我们今后的文化创造具有不间断的基础支撑，也才能使我们今天和未来的生活更美好。

对于中华文明的认知，我们还处在一个不断提升认识的过程中。

过去，人们把中华文化理解成“黄河文化”“黄土地文化”。随着考古新发现和学界对中华文明起源研究的深入，人们发现，除了黄河文化之外，长江文化也是中华文化的重要源头。杭州是中国七大古都之一，也是七大古都中最南方的历史文化名城。杭州历时四年，出版一套“杭州优秀传统文化丛书”，挖掘和传播位于长江流域、中国最南方的古都文化经典，这是弘扬中华优秀传统文化的善举。通过图书这一载体，人们能够静静地品味古代流传下来的丰富文化，完善自己对山水、遗迹、书画、辞章、工艺、风俗、名人等文化类型的认知。读过相关的书后，再走进博物馆或观赏文化景观，看到的历史遗存，将是另一番面貌。

过去一直有人在质疑，中国只有三千年文明，何谈五千年文明史？事实上，我们的考古学家和历史学者一直在努力，不断发掘的有如满天星斗般的考古成果，实证了五千年文明。从东北的辽河流域到黄河、长江流域，特别是杭州良渚古城遗址以距今5300—4300年的历史，以夯土高台、合围城墙以及规模宏大的水利工程等史前遗迹的发现，系统实证了古国的概念和文明的诞生，使世人确信：这里是古代国家的起源，是重要的文明发祥地。我以前从来不发微博，发的第一篇微博，就是关于良渚古城遗址的内容，喜获很高的关注度。

我一直关注各地对文化遗产的保护情况。第一次去良渚遗址时，当时正在开展考古遗址保护规划的制订，遇到的最大难题是遗址区域内有很多乡镇企业和临时建筑，环境保护问题十分突出。后来再去良渚遗址，让我感到一次次震撼：那些“压”在遗址上面的单位和建筑物相继被迁移和清理，良渚遗址成为一座国家级考古遗址公园，成为让参观者流连忘返的地方，把深埋在地下的考古遗址用生动形象的“语言”展示出来，成为让普通观众能够看懂、让青少年学生也能喜欢上的中华文明圣地。当年杭州提出西湖申报世界文化遗产时，我认为这是一项需要付出极大努力才能完成的任务。西湖位于蓬勃发展的大城市核心区域，西湖的特色是“三面云山一面城”，三面云山内不能出现任何侵害西湖文化景观的新建筑，做得到吗？十年申遗路，杭州市付出了极大的努力，今天无论是漫步苏堤、白堤，还是荡舟西湖里，都看不到任何一座不和谐的建筑，杭州做到了，西湖成功了。伴随着西湖申报世界文化遗产，杭州城市发展也坚定不移地从“西湖时代”迈向了“钱塘江时代”，气势磅礴地建起了杭州新城。

从文化景观到历史街区，从文物古迹到地方民居，众多文化遗产都是形成一座城市记忆的历史物证，也是一座城市文化价值的体现。杭州为了把地方传统文化这个大概念，变成一个社会民众易于掌握的清晰认识，将这套丛书概括为城史文化、山水文化、遗迹文化、辞章文化、艺术文化、工艺文化、风俗文化、起居文化、名人文化和思想文化十个系列。尽管这种概括还有可以探讨的地方，但也可以看作是一种务实之举，使市民百姓对地域文化的理解，有一个清晰完整、好读好记的载体。

传统文化和文化传统不是一个概念。传统文化背后蕴含的那些精神价值，才是文化传统。文化传统需要经过学者的研究提炼，将具有传承意义的传统文化提炼成文化传统。杭州与丛书作者在创作方面作了种种古为今用、古今观照的探讨交流，还专门增加了“思想文化系列”，从杭州古代的商业理念、中医思想、教育观念、科技精神等方面，集中挖掘提炼产生于杭州古城历史中灵魂性的文化精粹。这样的安排，是对传统文化内容把握和传播方式的理性思考。

继承传统文化，有一个继承什么和怎样继承的问题。传统文化是百年乃至千年以前的历史遗存，这些遗存的价值，有的已经被现代社会抛弃，也有的需要在新的历史条件下适当转化，唯有把传统文化中这些永恒的基本价值继承下来，才能构成当代社会的文化基石和精神营养。这套丛书定位在“优秀传统文化”上，显然是注意到了这个问题的重要性。在尊重作者写作风格、梳理和讲好“杭州故事”的同时，通过系列专家组、文艺评论组、综合评审组和编辑部、编委会多层面研读，和作者虚心交流，努力去粗取精，古为今用，这种对文化建设工作的敬畏和温情，值得推崇。

人民群众才是传统文化的真正主人。百年以来，中华传统文化受到过几次大的冲击。弘扬优秀传统文化，需要文化人士投身其中，但唯有让大众乐于接受传统文化，文化人士的所有努力才有最终价值。有人说我爱讲“段子”，其实我是在讲故事，希望用生动的语言争取听众。今天我们更重要的使命，是把历史文化前世今生的故事讲给大家听，告诉人们古代文化与现实生活的关系。这套丛书为了达到“轻阅读、易传播”的效果，一改以文史专家为主作为写作团队的习惯做法，邀请省内外作家担任主创团队，组织文史专家、文艺评论家协助把关建言，用历史故事带出传统文化，以细腻的对话和情节蕴含文化传统，辅以音视频等其他传播方式，不失为让传统文化走进千家万户的有益尝试。

中华文化是建立于不同区域文化特质基础之上的。作为中国的文化古都，杭州文化传统中有很多中华文化的典型特征，例如，中国人的自然观主张“天人合一”，相信“人与天地万物为一体”。在古代杭州老百姓的认知里，由于生活在自然天成的山水美景中，由于风调雨顺带来了富庶江南，勤于劳作又使杭州人得以“有闲”，人们较早对自然生态有了独特的敬畏和珍爱的态度。他们爱惜自然之力，善于农作物轮作，注意让生产资料休养生息；珍惜生态之力，精于探索自然天成的生活方式，在烹饪、茶饮、中医、养生等方面做到了天人相通；怜惜劳作之力，长于边劳动、边休闲娱乐和进行民俗及艺术创作，做到生产和生活的和谐统一。如果说“天人合一”是古代思想家们的哲学信仰，那么“亲近山水，讲求品赏”，应该是古代杭州人的生动实践，并成为影响后世的生活理念。

再如，中华文化的另一个特点是不远征、不排外，这体现了它的包容性。儒学对佛学的包容态度也说明了这一点，对来自远方的思想能够宽容接纳。在我们国家的东西南北甚至是偏远地区，老百姓的好客和包容也司空见惯，对异风异俗有一种欣赏的态度。杭州自古以来气候温润、山水秀美的自然条件，以及交通便利、商贾云集的经济优势，使其成为一个人口流动频繁的城市。历史上经历的“永嘉之乱，衣冠南渡”，“安史之乱，流民南移”，特别是“靖康之变，宋廷南迁”，这三次北方人口大迁移，使杭州人对外来文化的包容度较高。自古以来，吴越文化、南宋文化和北方移民文化的浸润，特别是唐宋以后各地商人、各大商帮在杭州的聚集和活动，给杭州商业文化的发展提供了丰富营养，使杭州人既留恋杭州的好山好水，又能用一种相对超脱的眼光，关注和包容家乡之外的社会万象。这种古都文化，也代表了中华文化的包容性特征。

城市文化保护与城市对外开放并不矛盾，反而相辅相成。古今中外的城市，凡是能够吸引人们关注的，都得益于与其他文化的碰撞和交流。现代城市要在对外交往的发展中，进行长期和持久的文化再造，并在再造中创造新的文化。杭州这套丛书，在尽数杭州各色传统文化经典时，有心安排了“古代杭州与国内城市的交往”“古代杭州和国外城市的交往”两个选题，一个自古开放的城市形象，就在其中。

“杭州优秀传统文化丛书”团队在传统和现代的结合上，想了很多办法，做了很多努力。传统文化丛书要得到广大读者接受，不是件简单的事。我们已经走在现代化的路上，传统和现代的融合，不容易做好，需要扎扎实实地做，也需要非凡的创造力。因为，文化是城市功能的最高价值，也是城市功能的最终价值。从“功能城市”走向“文化城市”，就是这种质的飞跃的核心理念与终极目标。

单霁翔

2020 年 9 月

（单霁翔，中国文物学会会长）

湖山佳趣图（局部）

目 录

第七章

永福寺：今遇知音为一弹

第八章

净慈寺：师唱谁家曲

第九章

护国仁王寺：尺八与吹禅

第十章

西天目山：中峰禅师，江南古佛

第一章

灵隐寺：飞来峰下梦痕新

【灵隐寺】

灵隐寺，是杭州乃至全国知名度最高的千年古刹之一，有“东南第一山”的美誉，位于西湖西侧北高峰下，南侧面对飞来峰。始建于东晋咸和元年（326），开山祖师为印度高僧慧理禅师。历经兵燹，在唐、宋、元、明、清诸朝均有重建。南宋时，灵隐寺位列“江南禅院五山”之一。历代高僧辈出，如永明延寿禅师、赞宁律师、明教契嵩禅师、雪窦重显禅师、道济禅师（济公）、具德禅师等。

明末清初之际，灵隐寺经历战火，几近颓废。清顺治六年（1649），具德禅师任灵隐寺住持，重建梵宫，使灵隐寺“法席一新，建置甚盛”。

本章以具德禅师重建灵隐寺为背景，描述了明末清初著名文人张岱与具德禅师的交游故事。

谈笑之间事已成，和尚功德可思议。

…………

但言佛自有因缘，老僧只怕因果错。

余自闻言请受记，阿难本是如来弟。

与师同住五百年，挟取飞来复飞去。

——〔明〕张岱《寿具和尚并贺大殿落成》（节选）

一、夜航船上

虽说江南春来早，却也春寒料峭。夜航船上，那位面容消瘦的老者背倚船舱，盘膝而坐，双臂抱在胸前。老人身边有个年轻人侧躺着，他忽然扭过头问道：“父亲，现在的灵隐寺完全看不出以前的样子吗？”

舱外掠过一阵凌厉的风声，老者把身上的布袍裹紧了些：“唉！仲儿，如今这天地间，看不到以前样子的，何止灵隐啊！”

年轻人若有所思，点了点头，又悄声问：“住持灵隐寺的具德禅师，果真就是我族叔张有誉吗？”

老者脸上闪现出一抹笑，他缓缓地说：“说是也是，说不是也不是。”

“哦？”年轻人有些不解，追问道，“为何这么说？”

老者轻轻摇摇头，没有作答。

“父亲，我想不明白，怎么这回，您就答应了谷大人要来杭州呢？”

老者淡然一笑：“仲儿，煮字能否令人饱？”

“不能。可是——这些年咱们在绍兴快园，日子虽然窘困，但您甘之如饴，一直教导我功名富贵皆浮云，君子忧道不忧贫……”

“仲儿，你没想明白的，为父却想明白了。”

“您想明白了？”年轻人更加困惑。

“身在前朝时，为父也曾像你现在这样，一心求取功名。结果数次入试，终无功而返，从此气不得不卑，心不得不细，人不得不酸啊！”

老者说到这里，停下来。船舱里一片静谧，船下流水哗哗作响。

老者叹了口气：“甲申之变，地覆天翻，改朝换代，清军南下。最是书生无用，肩不能挑，手不能提，又无力作刀兵血刃的反抗，于是迎降的迎降，殉国的殉国，作僧的作僧，埋名的埋名，一时之英，四散而去。”

年轻人听得瞪大了眼睛，血性男儿的豪迈之气呼之欲出。

“到如今，功名耶落空，富贵耶如梦，忠臣耶头痛，锄头耶怕重。像我，著书二十年，仅堪覆瓮。仲儿，苦读诗书，又有何用？”

年轻人咽了一口唾液说："父亲，史书上讲，人要有气节，像商代伯夷、叔齐那样，在商朝被武王推翻之后，他们隐居首阳山，采薇为食，宁肯饿死，也不食周粟！"

"地上的粟是周朝的，难道山中的薇不是周朝的？说他们拒食周粟，是后人的评说罢了。依我看哪，他们是无粟可食，才饿死的！这就是为父最近想明白的。"

"父亲，要说您想明白了，孩儿可就更糊涂了。儒家讲忠义，不是说忠臣不事二主吗？"

"春秋时，孔子在鲁国被弃用，他不得不离开父母之邦，远走他乡，到齐、卫、陈、蔡、楚诸国希望得到重用，施展仁者爱人的才华。这岂不也是忠义！"

年轻人沉默不语，暗自思忖。

"仲儿，你可知牧斋先生？"

"孩儿知道。是前朝礼部尚书钱谦益。"

"正是他。甲申年五月，南京失陷时，牧斋先生的夫人柳如是拉他跳水殉国。牧斋先生走到池边，俯下身子，用手探了探水温，为难地说：'水太冷啊！'柳如是见此，奋身向池中跳去，也给牧斋先生伸手拉住。"

"哦！这位夫人倒是有气节！"

"清军统帅豫王多铎入南京那天，是五月十五日，大雨滂沱。牧斋先生率诸大臣迎降，打开了城门。豫王到南京后，下令剃头，民众议论纷纷。一日，牧斋先生说'我头皮痒得厉害'，出门而去。家人以为他上街寻篦子了，

灵隐寺

天近晌午，见牧斋先生剪了头发，拖着辫子回来了。”

这时，舱外撑篙的艄公爆出一阵咳嗽。船舱里两个人安静下来。

又过了一会儿，年轻人轻轻地说：“这事，孩儿听说过。有人为此赠牧斋先生一首诗：‘钱公出处好胸襟，山斗才名天下闻。国破从新朝北阙，官高依旧老东林。’”

“嘿嘿，好个东林，多清名，也多贰臣！要说啊，还是张家人有气节！你那族叔张有誉，本是前朝工部主事，他见南京城破、国事不可为，便出家做了和尚。”

“父亲，我们这次来杭州要到灵隐寺见他吗？”

老者拈了拈颌下的短须，避而不答，他反问道：“仲儿，‘用之则行，舍之则藏，惟我与尔有是夫’，这段话，你读过吧？”

“父亲，这是《论语·述而》篇中孔子对颜回讲的。”接着，他背出下文，“子路曰：‘子行三军，则谁与？’子曰：‘暴虎冯河，死而无悔者，吾不与也。必也临事而惧，好谋而成者也。’”

“仲儿，你看——孔子对争强好勇的子路说：赤手空拳和老虎搏斗、徒步涉水过河，死都不后悔的，这样的人，我不会和他共事。我要找的共事者，一定是遇事小心谨慎、善于谋划、能把事情做成的人。再看孔子对谨慎敏学的颜回说什么——用我，我就干；不用我，我就隐居。这个道理就是留得青山在，不怕没柴烧。”

年轻人若有所悟，感慨道：“父亲，孩儿读书，一为安身立命，一为经纶济世，可这‘四书’实难对付。”

老者朗声大笑说：“要说天下最难对付的学问，其实是在这夜航船中。”

年轻人听了，又是一脸的困惑。

“以前，有个僧人和一个读书人同乘夜航船。读书人一路高谈阔论，让僧人对读书人心生尊敬，为让读书人休息好一些，僧人在狭窄的船舱一直蜷缩着脚。后来，僧人听出读书人话中有疏漏之处，于是问：‘相公，古代的澹台灭明是一个人还是两个人？’读书人说：‘澹台灭明，就是澹台和灭明嘛，当然是两个人。’僧人沉默了一下，又问：‘这样的话，尧舜呢，是一个人还是两个人？’读书人答：‘当然是一个人了。’听到这里，僧人笑了笑，说：‘原来是这样啊。您哪，往边上坐坐，还是让小僧伸伸脚吧。’”

年轻人听到这儿，哈哈大笑起来。看孩儿如此开心，老者也笑了。

年轻人止住笑声，又问：“父亲，您以前见过谷大人吗？”

老者摇了摇头，徐徐道：“这位谷应泰谷大人，我也没见过，只闻其名。清军入关后，他在户部主事，有‘文苑第一人’之美誉。去年，谷大人南下任提督浙东浙西地方的学政佥事，来到杭州后，他在西湖畔设立著书处，要编《明史纪事本末》。他听人说我在编明史《石匮书》，便数次派人上门相邀。我踌躇再三，实不忍家眷生活无着，这才下定决心应聘来杭。我听说谷大人搜集了前朝崇祯时的不少邸报和实录，我也正好借机浏览，以备编《石匮书后集》。”

“哦，我明白了。”年轻人忧郁的脸上露出了笑容。

“此行杭州，拜见谷大人接洽著书是一事。仲儿，你秋试未中，这一段时日茶饭不思，为父看在眼里，疼在心里，要你陪我出来走走，也想你开阔眼界、豁达心胸。”

说到这儿，老者压低声音：“要说起来，拜见谷大人也不是第一要务。你的族叔、我的禅学知己具德和尚已数年未见，我要先去见见他。然后，和他去湖心亭上践友人之约，会会研斋先生与道隐公！”

年轻人听了，凑近老者，低声说：“这研斋先生可就是反清复明的大英雄李长祥？”

老者赶忙伸手掩住年轻人的嘴。

就在这时，船咚地一震，像是撞到什么东西上，舱口遮风的草苫呼啦一声被人掀起一角。

老者与年轻人一时面色紧张，抬头望向舱口。

掀起草苫的，是撑篙的艄公。他一脸笑意，低头对舱内人说："老爷、公子，香积埠头到了。"

二、具德禅师

香积埠头的不远处，露出香积寺殿堂的檐角。张仲背着行囊，走在父亲身畔。父亲说："仲儿，这香积寺，是人们来天竺、灵隐朝香的第一站。小时候，我跟你祖母来杭州，每次来都会先拜拜香积寺①的菩萨。"

① 香积寺，素有"杭州运河第一香"之称。始建于宋太平兴国三年（978），原名兴福寺，大中祥符年间（1008—1016），宋真宗赐名香积寺，寺名沿用至今。香积寺濒临京杭大运河杭州段，是杭州湖墅地区的著名寺院，灵隐、天竺朝山香客的集散地。旧时，每天运河上千余船只往来，运输繁忙，夜间灯火通明，寺内热闹非凡。

说到母亲，张岱饱含深情。母亲陶宜人在怀他时，每天持念"白衣大士咒"，祈求观音菩萨保佑肚子里的孩子。张岱出生后，在母亲的诵咒声中长大。如今虽然母亲去世三十多年，但每当他耳根清净之时，耳畔还会清晰响起母亲诵咒之声。

张仲看到父亲脸上悄然的神情变化，问道："父亲，您自号'陶庵'，是因为我奶奶姓陶吧？"

张岱欣赏地看着儿子："仲儿，庵是安的谐音，陶庵于我，是对你祖母的纪念，也是对她的祝福。"

晨光熹微，香积埠头附近的官道上冷冷清清，不见一人。上得岸来，晨风刚劲，运河里的水跟着风起浪涌。张岱和张仲禁不住打了几个寒战。

飞来峰

不远处，齐刷刷走来一队巡逻的清兵。张岱拉着张仲站在道边。带队的副将朝这一老一少上下打量了一眼，便掠身而过。

从香积寺到灵隐，这段路可真是不短。从香积寺向南，绕道向西，一路迤逦，遥望双峰插云时，父子二人已是气喘吁吁。张仲寻块路边的石头，一屁股坐下来歇息。

张岱举目远望，北高峰、南高峰遥相对峙，两峰之间小山绵亘。碧天之中，白云游弋，峰顶塔影，时隐时现。

灵隐寺坐落在西湖以西峻秀山岭的幽谷中，背倚北高峰，面对飞来峰。北高峰峰峦叠秀，古木参天，飞来峰怪石嶙峋，兀然独立。

果然是深山藏古寺，灵隐近闹市而无喧嚣，居尘寰而不染着。张岱父子走到飞来峰下，顿觉满身的热恼化作了清凉。

去年来杭州秋试，张仲没顾上游山玩水，落榜而归，更没有了看山看水的兴致。此时，伫立飞来峰下，他欲一饱眼福："父亲，我们在飞来峰走一遭再去灵隐，如何？"

张岱微微一笑："好。"

天近晌午，溪流叮咚，树影斑驳，父子二人拾级而上，一路避藤进洞，见到很多摩崖雕造的佛像。每到一处，张岱便细细地跟儿子讲说一番。

绕过一段狭长的山路，迎面出现一处摩崖，数尊造像却不知被何人砸坏，不见身首，只剩残躯。张仲见了，心中不免有些愤愤："父亲，佛门净地还有人敢如此大不敬吗？"

张岱驻足细审，当下咳了一声："仲儿，说来惭愧，此事恰是为父所为。"

张仲一听，愣在那里："父亲，您，怎么……"

"唉，说来话长啊！"张岱手拈颔须，目光投向灵隐寺那边。

灵隐寺西侧，当年有座岣嵝山房。明天启四年(1624)，二十八岁的张岱与画家陈老莲一同在山房中闭门静修了数月，他们每日耳饱溪声，目饱清樾。一天午饭后，张岱和陈老莲在飞来峰一带散步，驻足在这组摩崖造像前。

眼前的这组造像，张岱觉得颇为怪异。造像中央，是一个骑坐在大象背上的波斯人，在他身旁，围绕着四五个赤裸上身的女人，手捧花果做供养状，极尽媚态。

张岱凑近造像下方石刻铭文，看到这是元代至正年间（1341—1368）江南释教都总统、藏传佛教僧人杨琏真加的造像。张岱从史籍中了解过，这个杨琏真加，当时带头盗掘了钱塘、绍兴一带的六位南宋皇帝陵墓，不仅窃取陵中珍宝，还侮辱陵中的尸体。

真是越想越气愤，张岱拉着陈老莲搬来石块，把杨琏真加造像的脑袋砸落在地，顺便把站立一旁的胡女像也捣毁了。

“灵隐寺的僧人听说有人在毁坏佛像，跑来阻止。我将事情原委说了一遍，僧人弄清砸的是杨琏真加，转身回去了。老莲说，这些东西只配和茅房的臭烂污在一起。他和我就把这些碎石扔到粪坑去了。”

张仲望着枯瘦的父亲，眼神里充满了敬意。

灵隐寺的山门，是由一字排开的四根方形青石柱撑起的一座石牌坊。空荡荡的三个门框，让人想到佛门又叫“空门”，实在名副其实。走进山门，寺僧引领他们来到客堂。见到具德禅师，张仲上前顶礼，禅师说：“仲儿，一拜即可。”

侍者上了茶退下，禅师请张岱落座，微笑着问：“数年未见，陶庵兄今日怎么得闲啦？”

张岱一拱手：“出家为僧，便是上人，我哪敢称兄？禅师莫要笑话我，您还是称呼我六休居士吧。”

禅师一笑："陶庵兄，是哪六休啊？"

张岱低眉看着座椅前的地面："唉，这十余年来，我深味苦空无常，也看破、放下了很多事。这六休，于我便是'粗羹淡饭饱即休，破衲鹑衣暖即休，颓垣败屋安即休，薄酒村醪醉即休，空囊赤手省即休，恶人横逆避即休'。"

具德禅师不住地颔首，赞叹道："呵呵，陶庵兄是在修忍辱波罗蜜啊，随喜随喜。虽说世事苦空无常，我却以不休为休。"

张仲侍立一旁插话问："禅师，不休为休，怎么讲？"

"呵呵，仲儿，七八年前，我初来灵隐时，此地院破殿圮，经像无觅，蔓草荒烟，一片狼藉。如今你看，殿堂高耸，佛像庄严。这个以担当为放下，便是我的不休为休。"

"哦？原来的灵隐怎么会院破殿圮呢？"

禅师说："劫火难逃。"

"佛门那么多的金刚护法，寺院遭遇劫火时，他们怎么不来救护？"

禅师莞尔一笑："呵呵，仲儿真是冰雪聪明！问得好。"他略一沉吟："不过，此事今日且不道，改日再说。你去后面随喜礼佛吧，你父亲来一趟不容易，我要跟我的老哥哥叙叙旧。"

张岱问："禅师，这些年来，您在山中静修，深悟佛法西来心传之学，我可得闻乎？”

禅师说：“呵呵，既是心传，岂从闻得？”

张岱一笑，见左右无人，他压低声音说：“禅师，今晚研斋先生、道隐公约你我在湖心亭相晤。”

禅师听了，未置可否，依旧淡然一笑：“呵呵，陶庵兄，您看我，朱衣着尽着僧衣！身为方外之人，有些事早已放下啦！”

“可是……前朝的国恩岂能辜负？”

“一盛一衰，天运之循环；一损一益，人事之调剂。世间的事，总在这成住坏空中。欲去不去，反被去碍；欲住不住，反被住碍。陶庵兄，我十年住山，蒲团茗碗，静坐焚香，一腔热肠早已化作冷眼。”

三、一卷冰雪文

在西湖边慢慢走着，眼前的景致，对张岱来说，是那么熟悉，又那么陌生。远山如黛，近水似玉，移步换景，张岱怎么看也看不够，他暗恨自己只生了一双眼睛：“唉，这西湖，无日不入吾梦中，而梦中之西湖，未尝一日别余也。”

看父亲一脸痴迷，张仲不忍扫他的兴致，小心翼翼地问道：“父亲，春寒料峭，一派萧瑟，我怎么看不出西湖之美呢？”

“仲儿，自古以来，领西湖真传者少，看它热闹的人多。年轻时，我喜欢看夏秋时节的西湖，爱其喧闹；如今上了年纪，反倒觉得这冬春之际的西湖一派清寂，更耐人看。”

“父亲，听人说，您少年时就在这杭州西湖边邂逅了骑鹿的名士陈眉公？”

“是啊，就在这附近。陈眉公指着一幅《太白骑鲸图》出联考我：‘太白骑鲸，采石江边捞夜月。’我以眼前景对下联：‘眉公跨鹿，钱塘县里打秋风。’眉公大笑，从鹿上跳下来，摸着我的头说：‘这么灵隽，真余小友也。’”

“那位陈眉公，听说是个趋炎附势之徒，有人说他‘翩然一只云中鹤，飞来飞去宰相衙’。”

张岱摇摇头，郑重地说：“仲儿，天下学问，最怕

湖心亭

拘板。在世间交朋友，要看两点：一是人无癖不可与交，以其无深情也；一是人无疵不可与交，以其无真气也。眉公为人，有疵有癖，他可是百年难遇的真人啊！”

“父亲，您说一生常遇知己，眉公可是其一？”

“眉公与我们张家祖孙三代都是知交，他是我的忘年交。要说知己，陈老莲是我的书画知己，具德禅师是我的禅学知己，今晚要见的研斋先生、道隐公，则是我的前朝知己。”

天色向晚，张岱让张仲去湖畔的酒家饮酒赏月等他，他搭乘小舟，往湖心亭划去。湖水如镜，桨拨水响，映衬出夜色的幽静。

湖面上弥漫起了水汽，上上下下，白茫茫一片。回首望湖上的风景，只有长长的苏堤略有一道痕迹，远远望见湖心亭的一点轮廓，天地之间，只他所乘的这一叶小舟，舟中两粒人影而已。

临近湖心亭，遥见亭下有人相对而坐。

张岱朗声道：“道隐公、研斋先生，你们先到啦！”

研斋先生说：“陶庵兄，我们提前来为你温酒啊！”

那位道隐公问：“有誉呢？他怎么没有来？”

张岱未及作答，便听研斋先生说道：“唉，看来有誉兄，不，这灵隐寺的具德和尚，真心做方外之人啦！也罢，也罢。”

亭下铺着毡子，旁边有小童把炉烧酒，酒香四溢。研斋先生和道隐公一同起身，一人拉住张岱一只手，欢喜地说："快坐下，喝杯酒暖暖身子。这江南的春寒啊，真是冷到人骨头缝里啦！"

眼前的道隐公竟和具德禅师一样一副僧人模样，张岱不禁一愣。道隐公笑着拍了拍他的肩膀："陶庵兄，先坐下喝酒，有话一会儿再说。"

张岱落座，三人举杯，连喝了几盏热酒。

此时在湖心亭一会，对这三人来说，着实不易。

研斋先生李长祥，崇祯十六年（1643）中举，入仕于朝。明亡后，他与郑成功、张煌言在东南一带起兵反清，成为东南、西南、海上等反清复明力量公认的盟主。这次，他潜入杭州，颇费了一番周折。为免打草惊蛇，他隐身丐帮混迹了一段日子。

道隐公金堡是崇祯十三年（1640）的进士，明亡后，他追随永历小朝廷跑到桂林。桂林为清兵所破后，他跑到广东，剃度出家做了和尚，法号澹归。研斋先生约他来杭州一晤，又在他心头燃起了希望。

明亡之初，南京建立了南明弘光政权，后来的监国朱以海曾驾临绍兴张岱府上。然而不久，一腔热血的张岱发现，监国偏听偏信，不足以图大事。他便入山躲避起来，一心著书去了。

此刻，寒风乍起，亭外炉火燃得更旺。

研斋先生压低声音说："牧斋先生虽然息隐居家，

心却系念前朝，暗中与诸方反清复明力量积极联络，通报清军动态，忠义之情溢于纸墨之间。”

张岱听得目瞪口呆。他本以为钱谦益不忠不义，哪里想到，此人竟这样忍辱负重，简直堪称大义。

“郑成功将军北伐时，牧斋先生和夫人柳如是尽囊资助。虽说上次北伐失利，但我等并未灰心，牧斋先生更是在长江口建起了红豆山庄，对外说是隐居之所，实则是交流各地消息的中转站……”

澹归和尚道隐公忽然插话道：“唉！奈何雨欲退，云不放；海欲进，江不让啊！唉！看来像具德禅师那样归心佛门，才是我的归宿啊！”

研斋先生未理会道隐公的话，继续说道：“陶庵兄，有一事，我与道隐公都不便出面，能否借您的生花妙笔，致书牧斋先生，请他继续勉力而为。”

张岱思量片刻，滴酒研墨，映着炉火，呵冻成文。

“崇祯五年十二月，余住西湖。大雪三日，湖中人鸟声俱绝。是日更定矣，余拏一小舟，拥毳衣炉火，独往湖心亭看雪。雾凇沆砀，天与云与山与水，上下一白，湖上影子，惟长堤一痕、湖心亭一点，与余舟一芥、舟中人两三粒而已。到亭上，有两人铺毡对坐，一童子烧酒炉正沸。见余大喜曰：‘湖中焉得更有此人！’拉余同饮。余强饮三大白而别。问其姓氏，是金陵人，客此。及下船，舟子喃喃曰：‘莫说相公痴，更有痴似相公者。’”

研斋先生读后拊掌大笑：“亭下二人，问其姓氏，不提，单说是金陵人，局外人纵是看到，也猜不透这里的玄机！”他旋即面色怆然：“看到前朝年号，不免心中难过。陶庵兄妙笔，不过，这一痕、一点、一芥、两三粒，未免太过无助；这清寒之境，让我一腔热血也有些落寞。时局如此，谋事在人，成事在天吧！唉！”

澹归和尚道隐公说：“可惜今日无雪。”

研斋先生微微一笑：“有陶庵兄这一卷冰雪文，无雪胜似有雪。”

张岱回到岸边时，张仲趴在酒家灯下桌边已然鼾声细密。张岱怜爱地轻轻推醒他：“仲儿，我们回灵隐吧。”

四、陶庵梦忆

次日醒来，张岱听到灵隐寺中人声嘈杂。他到客堂时，见具德禅师正忙碌地指挥着众人往客房里搬运家具。对昨日湖心亭会友一事，禅师没有过问，张岱也没有主动提起。

禅师说：“陶庵兄，一会儿会有施主送来三口新铸的大铜锅。这三口锅可煮三担米，能供上千人同时用餐。”

正说着，十数人抬着一口大锅一步步挪向斋堂那边。禅师笑着说：“陶庵兄，这算是我挣到的全部家当啦！”

张仲站在一旁，看着大锅瞪大了眼睛。他心想，看来灵隐寺住的僧人真不少，这位当了和尚的族叔被誉为当代禅门巨匠，应是名不虚传。

午斋安排在小斋堂，具德禅师陪张岱父子一同用斋。说是开小灶，饭菜其实都是从大众斋堂那边分过来的，只是比大斋堂安静些。

斋后一人一盏茶。正喝着，一名小僧敲门进来，恭敬地把一封信递给具德禅师。禅师打开信函，飞快地读了一遍，对小僧说："快请库头把库房的门打开。"小僧唱喏而退。

具德禅师说："陶庵兄，事有凑巧，您和我走一趟吧。"

张仲不知发生了什么事，也紧跟着走出来。

禅师问："陶庵兄，近年忙什么？"

"禅师见笑。六十年来事，牢骚直至今。我近年没忙什么，只是一心求忏悔。"

"哦？为何忏悔？"

"想我这一生，少年时为纨绔子弟，极爱繁华，好精舍，好美婢，好鲜衣，好美食，好骏马，好结灯，好烟火，好梨园，好鼓吹，好古董，好花鸟，兼以茶淫橘虐，书蠹诗魔，劳碌半生，皆成梦幻。我现在挨受的种种劫难，岂不是往日骄奢的报应？"

禅师淡然地说："世间事，范泥成佛，剪纸作花，虽极尽工巧，旋瞬即坏。陶庵兄曾把绝世聪明用于世间冗务，今日却悟到了实处，难得难得。"

"沉醉方醒，恶梦始觉，忠孝两亏，仰愧俯怍。遥思往事，忆即书之，持向佛前，一一忏悔。"

“佛说：一切有为法，如梦幻泡影，如露亦如电，应作如是观。陶庵兄，这些忏悔文字，若辑录下来，不妨就叫《陶庵梦忆》。”

张仲听着这些话，感到深藏禅机，虽然未能全听懂，但觉听来有趣。

刚走到山门前，便见门外有上千人蜂拥而来，每人肩上都扛着一袋米。走进寺院后，众人即刻恭肃无声，静悄悄地随引路的僧人走向库房。不一会儿，见他们又安安静静地空手而归，像潮水一样向山门外退去。

明明是眼前事，张岱看得如梦如幻，他不解地问：“这是怎么回事？”

具德禅师说：“丹阳有位施主，七年来每年供养寺里五百担米，他不让寺院破费一分一毫，来的人也不许饮寺院一勺水。”

张岱赞叹道：“有这众多的施主护持，灵隐重光指日可待。”

“借陶庵兄吉言。”具德禅师说起话来，总是笑眯眯一团和气，“这几年，先是修复了东边的九进僧院，客房加上僧舍，也有上百间了。明年六月，大殿完工。届时，陶庵兄要前来随喜哦。”

“你比我小两岁，明年，哦，是禅师的花甲之年啊！唉，人生倏忽，不知不觉，我们都老啦！”张岱满腔感慨。

“陶庵兄应该知道，独坐可忘老啊！我入佛门时，曾发大愿：今生要破出尘中经一卷。您不妨也发个大愿：笔端开出花千朵。”

张岱双手合十胸前，低眉道：“阿弥陀佛。受教受教。”

具德禅师回头招呼张仲：“仲儿，这灵隐古刹，自东晋建成以来，屡遭毁圮。你昨日问我，为何寺院起火时，金刚护法不来救护，来，我说与你听。”

张仲近前倾听。

“佛说这世间万物，都在成住坏空的因缘法里。因缘成熟、无常到来时，金刚护法也不可干涉。寺院虽贵为道场，也在因缘法中，是不是这样？”

张仲点了点头，他问道：“禅师，若佛菩萨连自己的道场都不能保护，人们信佛拜佛，还能求得什么？”

“仲儿灵慧，问得好！”禅师笑着看了看眼前的侄儿，接着说道，“唐代道宣律师的《中天竺舍卫国祇洹寺图经》记载，佛陀住过的祇园精舍，在佛陀的时代，便即毁于火灾。祇园的建筑是给孤独长者花钱买下供佛的，祇园的树是祇陀太子供佛的。一场大火，祇园的建筑烧掉了，树木却安然无恙。你道这是为何？”

张仲摇了摇头：“孩儿不知道。”

“舍卫国中，当时也有人以祇园火灾之事请教我佛。佛说，给孤独长者经商之前是个屠户，他最早的财富，是屠宰牛羊所得。这些财富，是被杀众生的嗔恨之火积聚而成的，因此祇园会毁于火。祇陀太子的财富来源清净，所以他供佛的树得以幸免。此中因果，仲儿可领会？”

张仲一时无语，像在思考禅师话中之意。

“我发愿重修灵隐，也是为众生广作福田。凡有布施者，必能从中获得利益，进而福满人间。虽说世事无常，成住坏空，我以此因缘成就众生福慧，便是大做佛事！”

张岱拊掌而笑：“禅师于佛法、世间法通达圆融，此为最上乘之谈，恐怕仲儿一时难以会意。看来，深信因果，便是最好的护法。”

“陶庵兄高明，您不愧是我的禅学知己。”具德禅师也是一笑。

“禅学知己，愧不敢当。禅师知道，我发愿编著《石匮书》记录前朝旧事。这些年，我经受了诸多的苦，还苟活于人间，只因此梦未圆。等此事完结，我便追随禅师住山清修。今日，暂且告辞，我去赴谷应泰谷大人之约。仲儿，咱们就此和禅师道别吧。”在山门前，张岱父子向具德禅师一揖而别。

参考文献

1. 胡益民：《张岱评传》，南京大学出版社，2002 年。

2.［美］史景迁著，温洽溢译：《前朝梦忆：张岱的浮华与苍凉》，广西师范大学出版社，2010 年。

3.〔清〕孙治初辑，徐增重修：《灵隐寺志》，杭州出版社，2006年。

4.〔明〕张岱著，栾保群注释：《陶庵梦忆》，紫禁城出版社，2011年。

第二章

下天竺：三生石畔有情风

【下天竺】

下天竺，位于飞来峰与月桂峰间。东晋咸和年间（326—334），由天竺（今印度）高僧慧理创建。隋开皇十五年（595），僧真观、道安等拓新，号南天竺寺。宋大中祥符年间，改名灵山寺；天禧四年（1020），复称天竺寺；绍兴十四年（1144），改名时思荐福寺；宝祐二年（1254），改名天竺灵山教寺。后时有毁建。清乾隆二十七年（1762），赐名法镜寺；咸丰十一年（1861），又毁于兵燹；光绪八年（1882）重建。现为杭州佛学院女众部所在地。宋僧慈云遵式曾在此弘扬天台宗，诗人白居易、苏轼均留有诗作。

下天竺寺西山坡上的"三生石"，为"西湖十六遗迹"之一，是唐代僧人圆泽以"三生"酬报知己李源的见证。

本章以下天竺及三生石为背景，描述了宋代文学家、杭州知州苏轼与僧人、诗友道源禅师一同寻访三生石的故事。

香山居士留遗迹，天竺禅师有故家。
空咏连珠吟叠璧，已亡飞鸟失惊蛇。
林深野桂寒无子，雨浥山姜病有花。
四十七年真一梦，天涯流落涕横斜。

——〔宋〕苏轼《天竺寺》

一、漫步天竺路

古松参差，石径微斜。通往天竺寺的山间小路上，苏轼和住持孤山智果寺的道潜禅师慢悠悠地走着。

苏轼若有所思，他手拈着颔下那绺细长的胡须问道潜："禅师，当年香山居士白居易任杭州刺史时，写过这样一首诗：'一山门作两山门，两寺原从一寺分。东涧水流西涧水，南山云起北山云。前台花发后台见，上界钟声下界闻。遥想吾师行道处，天香桂子落纷纷。'说的是灵隐寺还是天竺寺？"

道潜思忖了一会儿，轻轻摇了摇头："要依眼前景致说，大概是灵隐寺与韬光寺吧。"

边走边说，二人离飞来峰与月桂峰间的天竺寺越来越近。

元祐四年（1089），苏轼以龙图阁学士身份领军浙西，任杭州知州。自京都汴梁来到杭州，之后两年里，苏轼与道潜经常结伴而行。杭州风光旖旎之地，都留下过这一僧一俗的身影。

天竺寺外山路两旁，山坡上的茶园一片连着一片。昨夜飘过一场细雨，山间的小路至今仍湿漉漉的，但因没有黄泥粘脚，二人脚上的布履干干净净。

苏轼说：“人间的事，是梦是醒，有时还真难说清楚。有天晚上，我梦见你携来一首新诗，说什么‘寒食清明都过了，石泉槐火一时新’。我问你‘火固新矣，泉何故新’，你答道：‘俗以清明淘井。’我倍觉有趣，唉，偏偏这时醒了，可惜没记住另外两句诗。你告诉我，另外两句写的什么？”

道潜呵呵一笑：“学士，你在梦中见到的那个我，可是眼前这个我？如果不是，你须去问梦中人！”

苏轼对这个回答不甚满意，他摇了摇头。

“学士，你补上两句如何？”

苏轼微微皱眉：“梦里分明是你的诗，现在让我续，这诗算你作的还是我作的？”

“呵呵！东坡居士！你可是抄过《金刚经》的啊！经中怎么说的？菩萨无我相无人相无众生相无寿者相啊！”

禅师说到抄经一事，让苏轼想到了在黄州与道潜同游的往事。

想到黄州，自然不会忘记自己当年被人构陷的“乌台诗案”，苏轼难免又是一番心惊肉跳。出狱之后，贬居黄州，简直是死里逃生。

元丰七年（1084），方外好友道潜禅师来到黄州，苏轼忙不迭地拿出诗稿，请老友点评。其中一首是他夜宿庐山东林寺时写的《赠东林总长老》："溪声便是广长舌，山色无非清净身。夜来八万四千偈，他日如何举似人。"

苏轼对这首诗颇为自许，他问道潜："禅师，若以禅门见地来说，这首诗能登堂入室吗？"

道潜说："尚在门外。"

苏轼愕然不解。

"佛法说，山色、溪声是'无情'，即使它们说法，也只有'有情'才能听懂。居士这首诗很有味道，但只是文字相，并非真修实证所契入的禅境。要说有所悟，

天竺风光

也是小悟。”

那时，听道潜禅师一语道破，苏轼虽有领悟，但并不甘心。而今，漫步天竺路上，他又心血来潮。

“我来杭州任上，特意去看了钱塘潮，写了首《观潮》：‘庐山烟雨浙江潮，未至千般恨不消。到得归来无别事，庐山烟雨浙江潮。’禅师，这是小悟，还是大悟？”

道潜微微一笑：“好个‘无别事’！既然‘无事’，又何必作诗？太守大学士啊，恕我直言，这依然是文字相！”

苏轼呵呵一笑，没再争辩。

此时，天竺寺的山门，已近在眼前。

驻足山门外，苏轼问道潜：“禅师，天下的寺院为什么都是一个模样？”

“那是因为东坡居士不会看。”

“你这么说，分明狡辩。你看，山门、殿堂、佛像、僧……不都是一个模样吗？”

“寺前的水，寺后的山，寺中的佛菩萨像，来来往往的僧，难道都一个模样？三天竺跟灵隐寺一个模样？上天竺是观音大士向吴越王梦中讨的住处，祈雨最为灵验；中天竺是千岁宝掌禅师启建的道场，寺中的摩利支天菩萨颇多灵验；这天竺寺……”

苏轼插话道：“听说这下天竺是三天竺中最古老的。”

“眼前这天竺寺，是东晋时所建。当时，印度高僧慧理法师来到杭州，仰望着一座形状特异的山峰惊诧不已。他说：此峰分明是西天佛国灵鹫山上的一座小岭，因何飞来此地？”

苏轼眼睛一亮，他拊掌赞叹：“这真是个好公案！禅师，你告诉我：此峰能自灵山飞来，为何不再飞去？”

“禅门讲：一动不如一静。料想此峰也晓得，多一事不如少一事。”

苏轼听到这里，又是呵呵一笑。他心中还有疑惑，追问道：“说此峰从西天佛国的灵山飞来，有何凭依？”

“慧理法师讲，昔日他在灵山中养过一只白猿。他若唤它，白猿定会前来相见。说罢，法师朝山间呼唤几声，不一会儿工夫，一只白猿从山高处攀着树藤下得山来。白猿见到法师，欢喜雀跃，毫不生分。慧理法师从此驻锡杭州，在这飞来峰南北，建造了五所禅窟。这天竺寺便是其中之一。”

苏轼陷入沉思，良久，他才开口说：“禅师，我心中还有一个疑惑。多年前，我做杭州通判，总觉得自己前生是在杭州出家修行的僧人。第一次去寿星院，我看眼前景物熟稔，哪里是初访，分明是故地重游！我问寺僧：经堂前台阶是否九十二级？寺僧摇头说没数过。我们乘兴过去数了数，呵呵，果然九十二级！”

“佛说生死轮回，法不孤起。我们眼前的人与事，哪个是孤立的？都有三生三世的因缘啊！大学士两次来杭州任职，这里面也有着说不清的因缘呢！”

“禅师，若我前生真是僧人，会不会是那时枉受了香油钱，要这辈子来还那些宿债？”

道潜笑而不答。

“做通判时，闲来无事，我常沿西湖北岸来灵隐、天竺这边，或与山僧闲话，无话可说时，就谛听梵刹钟声；有时由西湖南岸到大慈山，去品虎跑的名泉佳茗，消磨一整天的时光，再沿蜿蜒的山间小溪兴尽而归。我时常想，能做杭州人，真是清福无尽，我余生若能徜徉于此，终老湖山之间，该是多大的福气！乌台诗案，一番死去活来，人间的事我已经看淡了。禅师，我可有福气圆满此愿？”

发出这番感慨，苏轼注视着道潜的眼睛，仿佛要从中看到自己的未来。

道潜笑着说：“学士、名士、居士、隐士，难道你都想有份？天下有这么好捡的便宜吗？”

苏轼听了，也跟着呵呵笑起来。

二、“参寥子”道潜

苏轼素来喜欢与佛门高僧往来。他交往过的禅师，多是住持、教化一方的尊宿，如庐山东林寺常总长老、荆南玉泉寺承皓长老、镇江金山寺佛印禅师、杭州净慈寺大通禅师、上天竺辩才禅师等。虽说苏学士机智，但他与这些出世的高僧们斗禅机时，却往往落了下风。坊间流传的很多故事，像“学士输玉带”“八风吹不动”等，并非空穴来风。

天竺寺山门内外，地面洒扫清净。走进寺院，苏轼便想到住持这座道场的净慧禅师，他自语道："不知道净慧禅师在不在？"

道潜禅师一笑："太守且驻足，我去问一下。若禅师在，我们就跟他讨杯茶吃吧。"说完，他快步走向寺院深处。

苏轼虽有众多方外好友，最为知己的，却是这位别号"参寥子"的道潜禅师。

道潜禅师的背影拐过殿角，苏轼看着，恍然如梦。自己是什么时候与禅师结识的呢？最初的印象，仿佛是在徐州任上时。

道潜来徐州拜访苏轼。在宴席上，童心不改的苏太守让陪坐的一名歌妓上前向道潜求诗。

明知道出家人是戒色的，苏轼却顽皮地想借此勘验禅师的定力，看他怎样处理眼前的尴尬。

道潜哈哈大笑问歌妓："施主是哪里人？"

歌妓答："我是东山人。"

道潜拿过纸笔，随手写道："寄语东山窈窕娘，好将幽梦恼襄王。禅心已作沾泥絮，不逐春风上下狂。"

苏轼看到好诗，兴奋得拍疼了手掌。一时豪情万丈，酒量不大的他举起一杯酒，一饮而尽。

诗末落款：参寥子。苏轼看着好奇地问："参寥子？不是李白写到的一位隐士吗？"

“我尊奉那位隐士为前身，自号参寥子。我替他再来人间，难道不行？”道潜笑着反问他。

苏轼当然无法反驳。

“我想问太守一问：你为何名轼？”

禅师这一问，让苏轼想到自己小时候缠着父亲问的同样的问题。

父亲说，车的各个部分——轮、辐、盖、轸等都有用，都不可缺，唯独这轼——车厢前那根横木，好像没有什么用处；可是没有它，车子就不完整了。“轼儿，我愿你在这人世中，不做可有可无之人。”

弟弟听哥哥问，也追着问他为什么叫“辙”。

“辙是车道，车要走，就离不开辙。即便车翻了，马受伤了，车道也不会受连累。无大福者无大祸，辙儿，我愿你一生平安。”

回味父亲多年前的话，苏轼想到自己身陷乌台与死神擦肩而过的那段经历。他感慨道：“真是无事时遮蔽了几多小人，有事时识破了几多君子！”

苏轼在东京汴梁受朝廷重用时，平日里总有同僚与他称兄道弟。他性情随和，待人接物，从不设防，仿佛身边人都是知己。与人相处，他直言无隐，喜欢玩笑戏谑，逞一时口舌之快活，极尽调侃之能事。

妻子王闰之暗自为夫君捏着一把冷汗，多次劝诫道：“你春风得意，人家吃了委屈，也会赔笑脸。可谁又看得出人家肚子里是不是埋藏下了恨呢？”

对这善意提醒，苏轼没有放在心上。

神宗皇帝起用王安石主持变法时，苏轼因与改革派政见不合，请求外任。他先是来杭州做通判，后又调任密州、徐州、湖州任太守。自北到南，苏轼看到“新法”推行中的诸多流弊，他将心中所感写成讽谏诗，批评变法附生的弊端。

王安石罢相后，神宗皇帝亲自操持变法一事。变法旋即成为大宋的国策。此时，朝中一些别有用心的人，为在皇帝面前邀功，暗中搜集了苏轼的讽谏诗，加以解读。

“赢得儿童语音好，一年强半在城中”，被解读为苏轼讽刺“青苗法”；“读书万卷不读律，致君尧舜知无术”，被解读为苏轼讥讽“新法”改革科举制度；“东海若知明主意，应教斥卤变桑田”，被解读为苏轼公开和朝廷大力推广的“农田水利法”唱反调……如此种种，便是苏轼“以诗诽谤朝廷大政实属叛逆”的罪状。

虽说有诗为证，神宗皇帝却迟迟未表态。

苏轼到湖州任上后，上《湖州谢上表》谢恩。表中有句“（陛下）知其愚不适时，难以追陪新进；察其老不生事，或能牧养小民”，又被人抓住了把柄。

苏轼说的是“陛下知道我愚昧不堪，不合时宜，难以和改革派共事，又考察我年老不爱生事，在地方管理普通百姓勉强及格”。构陷他的人却奏称，这“不生事”三字，意味深长：“他苏轼不爱生事，那主张变法的人就是爱生事啦！变法者叫爱生事，圣上全力支持变法，那不就是说圣上无事生非吗？这哪里是上表谢恩，分明是攻击朝政，反对新法！”

神宗皇帝一时恼怒，急命差吏赶往湖州勾摄苏轼，押解进京。

苏轼被押至汴梁后，关进御史台牢狱，一时生死未卜。他不知道，家人为此急乱了手脚。

苏辙对嫂子王闰之说：“哥哥怎么一下子得罪了这么多人！”

王闰之泪眼蒙眬：“都怪他平日口无遮拦。”

苏轼在牢狱中等待判决的那段日子里，长子苏迈每日负责送饭。二人约定：若平安，只送蔬菜、肉食；如有坏消息传来，就改为送鱼，以便苏轼心中早做准备。

因家中银钱用尽，苏迈出京筹钱，将送饭一事委托亲戚代劳，却忘了告知暗中的约定。偏巧那亲戚心疼苏轼，特意做了一条熏鱼送了进去。

苏轼见鱼大惊，自知死期将至。惶惶不安中，他给弟弟苏辙写了两首充满悲伤的诀别诗。

按朝中规定，狱吏先将苏轼的诗送呈皇帝。

神宗皇帝虽将苏轼收监，却并不是真想杀他，只是想挫挫他的锐气。此刻，读到苏轼《狱中寄子由》中的那句“与君世世为兄弟，更结人间未了因”，皇帝也深受感动。

说来也巧，就在这时，罢相后退居金陵的王安石不计前嫌，上书规劝皇帝“圣朝不宜诛名士”。

圣恩浩荡。苏轼被从轻发落，贬为黄州团练副使，只是不得签署公文。

元丰三年（1080）大年初一，苏轼离开东京汴梁时，除了自家兄弟苏辙，便没有了送行者。唉，也怪不得他人，人倒霉时，亲友也避之唯恐不及啊！

临别时，苏辙叮嘱道：“哥哥，以后跟人说话，先要了解对方的为人。要知道，有的人可以推心置腹，有的人不可以。”

苏轼叹了口气：“唉，你道出了我的短处。我天性相信人，不管跟谁说话，总喜欢把心里的话说给他听。”

看苏轼上马，苏辙又补充了一句：“哥哥，此去黄州当少作诗啊！”

途中走了一个多月，苏轼从汴梁来到黄州。因是犯官身份，没有官舍居住，苏轼将家安顿在山中一座旧庙里。住了几天，又搬到黄州城东缓坡上的旧营房里。家还没安顿好，仿佛后脚跟前脚，参寥子道潜的信便到了。

道潜在信中说，既不得签署公事，不得离开黄州，闲居之暇，正好诵读佛经。在东坡安家后，苏轼静下心来将佛门圣典《金刚般若波罗蜜经》恭恭敬敬抄写一遍，祈愿佛祖加持，先世罪业，一并消散。

刚回想到这儿，苏轼见道潜从院里走了出来。

“方才在客堂问了执事僧，说净慧禅师正领众在禅堂用功呢。我们先在寺院殿堂随喜一番，等他一会儿。”

三、老婆禅

道潜与苏轼走进圆通宝殿，先对端坐殿中央的观音菩萨合十问讯，随即右绕了一圈，看了殿内两厢的十八罗汉像。

苏轼问：“如果观音放下净瓶，还是不是菩萨？”

“《法华经》中讲，应以何身得度者，观音菩萨即现何身而为说法。你不是说‘溪声便是广长舌，山色无非清净身’吗？既然诸相非相，何必执着菩萨手中有没有净瓶？”

苏轼呵呵一笑，没有辩解。

二人一前一后，走出圆通宝殿，走向后院高处的药师殿。苏轼说：“昨天，我在府衙遇到了一件有趣的事。你想不想听听——”说到这儿，苏轼停下来。

道潜知道，你越问，苏轼就越不说。因此，他只是默然一笑，笑而不语。

在道潜禅师的印象中，苏轼、苏辙兄弟性格截然不同。弟弟沉稳、实际、拘谨、寡言，持重老成；这当哥哥的乐观、开朗、好辩、天真，一身的孩子气。

果然，苏轼不问自说了。昨天上午，衙役在关所例行检查时，发现一位老书生的两包行李上都贴了“东京竹竿巷苏侍郎宅苏轼（落款）”的封条。衙役感觉不对，便把老书生带到府衙来。

苏轼审视这位老书生，发现他虽然神色惶恐，人却文质彬彬。他想，此人不似欺诈之辈，其中或有隐情，于是问："包里是什么？"

老书生上前施礼："学士，学生吴味道，真对不住您！学生家境贫寒，这次进京考试，蒙诸位乡亲送了一些纺纱，刚好凑足两包。担心沿途官家抽税，如果抽去一半，我到东京也无法待考啦！因此学生荒唐地妄图以代人捎物为由躲避关税。学士贤兄弟是众所钦敬的正人君子，学生斗胆冒用了学士的名讳。"

苏轼笑着摇了摇头，命衙役撕去行李上的封条，他转身回到堂上。

吴味道战战兢兢地站在堂外，眼里泛起泪花。春风带着花香吹过来，他却感觉一阵寒意，身上发紧，打了几个喷嚏。举袖掩唇时，他偷偷抹掉了眼泪，暗自叹了口气：既然行李要被罚没充公，就认了吧。

苏轼从堂上走回来，他将亲笔写的"东京竹竿巷苏侍郎宅苏轼（落款）"封条交给衙役贴到行李上，又递给吴味道一封信："这是我给舍弟的信，劳烦你到东京后送到他府上。有了这封信，就算你被抓到皇帝面前，也不用担心有事啦！"

吴味道颤抖着手接过信笺，仔细折叠揣进怀里。随后，扑通一声跪倒在地。

苏轼拉起吴味道，脸色端严地说："今后万不可再如此。人有难处，当明言为妥，切不可妄用心机。"

吴味道面露愧色，再次躬身施礼。苏轼拍了拍他的肩膀："你若考中了，别忘了给我报个喜啊！"

道潜听着，赞叹道："对这个老书生来说，端坐府衙的太守就是观音菩萨啊！有这个因缘，料想他今年定能高中！"

苏轼没有理会禅师的话，兀自说着："从府衙回到家，我口干舌燥，让朝云倒杯茶进来。你猜，她怎么说？"

道潜依旧微笑不语。

"朝云转身出去，端进一盘新鲜的杨梅来！"

听到这里，道潜笑出声来，问："那杨梅味道如何？"

"那杨梅，一颗颗红彤彤，水灵灵，圆滚滚，闪着光彩，让人垂涎欲滴。"

"我猜，这是杨梅见到大名鼎鼎的苏学士之后，个个羞红了脸吧？"

苏轼朝道潜一拱手："朝云说，这杨梅是禅师差人送的。这厢谢过。"

道潜禅师双手合十，以作回礼。

"参寥子啊，你这杨梅，二分酸三分甜五分鲜，味道着实不错。来而不往非礼也！我命朝云铺纸研墨，当即回赠了你一首诗。"

道潜右手伸向苏轼："把诗拿来。"

苏轼笑着说："说到这诗，又衍生出一段故事呢。"

苏轼写完《参寥惠杨梅》，颇为自喜，他放下笔，抑扬顿挫吟哦了一番："新居未换一根椽，只有杨梅不值钱。莫共金家斗甘苦，参寥不识老婆禅。"

他瞥向夫人王闰之、侍妾朝云，期待能得赞许。

他看到夫人摇了摇头："夫君，古人说礼轻情谊重。到你这里，怎么却是'只有杨梅不值钱'呢？"

苏轼嘿嘿一笑："我是故意这样写！你猜这位禅门的老修行看到后会怎么反应？"

"噢！你还想要勘验禅师的修行啊！"王闰之面容淡定。

听到"勘验"二字，苏轼顿时想到这些佛门高僧不好对付。他把手伸向盘中，盘中的杨梅只剩下两三颗啦！

王闰之略一沉吟，她用手指点了点诗稿的末句："这句'参寥不识老婆禅'，'识'字不如'是'字，夫君以为如何？"

"老婆禅"是说为让人领悟佛法大意，禅师苦口婆心，反复教导，就像絮絮叨叨的老婆婆。可人家道潜禅师为人处世，从不拖泥带水，哪里是老婆禅呢？苏轼一听，眼睛放光，他嬉笑着拱起双手，对夫人低首说："夫人是我的一字之师，请受我一拜！"

道潜抿嘴而笑，他说："嗯，尊夫人高明！不过，这'老婆禅'你可日后参详！今日咱们还是先进药师殿礼佛吧。”

四、三生石畔有情风

从药师殿回到客堂所在的七叶堂，知客僧奉上两盏茶，对道潜说：“师父还有一炷香要坐，您二位在这里喝茶等他吧。”

道潜对苏轼说：“与其喝茶坐等，不如到香林苑去看看三生石再回来。”

天竺寺外右侧的山地上，有小径通往茶园香林苑。沿路上坡，在狭窄的山路上左转右绕，苏轼与道潜来到莲花峰下。

三生石是“西湖十六遗迹”之一，石质为石灰岩，高三丈许，由三块大岩石连缀而成，中间岩石高处镌刻着“三生石”三个朱漆篆字。

三生石

“禅师，这组石头为何叫三生石？”

“人们都知道东坡居士博览群书，你是真不知这三生石的旧事，还是又要勘验老僧？”道潜一笑反问。

苏轼一拱手：“弟子无明，我佛慈悲。”

看苏轼并非嬉笑，道潜神色庄严地说：“这三生石，见证了唐代一僧一俗两位友人一生三世的因缘。”

“哦？”苏轼一听，眼神里充满了好奇。

夜色深处，洛阳城惠林寺一处寮房，依然亮着灯。灯下，一僧一俗在谈论去益州（今四川成都）的事。

僧人说：“李公子，当然是走陆路好！从洛阳去长安，逗留数日，稍作休歇，再往汉中，走栈道，过剑阁，翻山越岭，登临峨眉金顶，坐享青城青葱……从益州回来时，我们再泛舟东流，到荆州上岸……”

僧人对面，那位被唤作李公子的说：“圆泽法师，不要为难我！您惯于云游，不怕走远路，我一个读书人，哪走得了？还是省些气力吧，从洛阳南下荆州，乘船入川！”

僧人沉默不语，屋子里一片安静。李公子悄然一笑：“法师，按我李源的路线，是不是会省些气力？”

那位僧人听了，叹了口气，低语道：“源公，人的命啊，真是身不由己！”

李源打趣道：“法师，您一直跟我讲因果，怎么突然又感慨起命运来啦？佛说：‘欲知前世因，今生受者是。欲知来世果，今生作者是。’或许命中早已注定，咱们走这水路。”

说完，李源哈哈大笑，一脸胜利的表情。

窗外，夜深月明。李源告退。

僧人端身正坐在禅榻上，他抬头望向窗外，庭院里殿堂的建筑轮廓分外清晰，而远处的树影一片朦胧。

僧人安坐在静默中，脸上神情淡然，看不出是悲是喜。

出发那天，圆泽法师把寺务交付给监院弟子，他悄悄塞给弟子一封信：“等李公子回来时，你把这封信交给他。”

上路后，李源一直抱怨圆泽法师走得太慢了：“您这双脚，可是大江南北都走过，怎么今天慢悠悠的？”

法师一笑：“安步可以当车！”

李源笑着反问：“您之前行脚，可也是迈着这样的步伐？”

法师说：“快与慢，是相对的。走得再快，这路也不可能一天走完。”

李源喜欢和法师斗嘴。他觉得，即便平平常常的一句话，法师说出来也别有趣味。这趣味，或许就是禅的滋味吧。

此时此刻，李源绝没有想到圆泽法师放慢脚步隐藏的秘密。

洛阳惠林寺的前身，是李源的家宅。李源的父亲李登，在“安史之乱”时为国捐躯。李源感悟到人生无常，发誓此生不仕、不娶、不食肉，舍宅为寺，安心修行。

惠林寺住持圆泽法师为人儒雅，通达佛法，明晓世间理，也精通音乐。李源和法师成为好友，二人时常对坐谈心，一坐便是半天。

这些年来，李源从不谈及往事，“安史之乱”留在他心头的伤太深了。圆泽法师慈悲，也小心回避着。

这次行脚途中，李源自己主动打破了这一禁忌：“法师，您一直讲因果。您说，我父亲的今生与前生，用因果该怎么解释？”

“佛讲说因果，不是叫人以今生的遭遇去推理前世的事。人的前世，不只上一生，而是之前的生生世世，因此不能用人今生的所遇，简单推理上一世。佛讲说因果，是教人立足今生，诸恶莫作，众善奉行，自净其意，让来生更美好些。”

李源若有所悟地点了点头。

走了十几日，来到荆州地界，二人由走路改为乘船。溯流而上，当晚夜宿南浦。船在南浦码头停下。

李源望着舱外，好奇地“咦”了一声。岸边，有个大腹便便的孕妇正吃力地用木桶打水。李源问：“法师，这个地方风俗太怪了，怎么能让待产的孕妇干重活呢？”

圆泽法师朝窗外看了一眼，迅即转过脸来。李源看到法师眼中有泪，他不解地问："法师，您怎么啦？"

"唉！李公子，我不想走水路，就是不想见到她呀！"

李源一听，吃了一惊。

"这位妇人，叫作王氏，我来生要做她的儿子。因为我不肯来投胎，她已经怀孕三年而未产，家人不待见她，便让她干重活。今天相遇了，我不能再躲了。公子，请念诵佛号助我去投生吧。投生之后，我会啼哭不止。三日后，你到王家看我，一见到你，我当破颜一笑。"

说到这儿，圆泽法师叹了口气："唉！人的命运，就是这样身不由己啊！"

之后，他平静地躺在船舱里，慢慢停止了呼吸。

突如其来的生死之变，让李源悲从中来。他心中充满了懊恼，若走陆路，或许就不会这样啦！他望着船舱里的圆泽法师，法师安静得像睡着了。奇怪的是，他身上浮现出一层淡如薄雾的微光。

三日后，李源上岸，在南浦镇上寻到王家。果然，三日前的黄昏时分，那位怀孕三年的王氏生下一个白白胖胖的男儿。可能是这个新生儿不想来人间吧，他一生下来，便没日没夜地啼哭。

王家人听李源讲了圆泽法师的故事，惊愕不已，赶紧从内堂抱出婴儿。说来也巧，哇哇大哭的婴儿一见李源，马上破颜微笑。

当初结伴而行，如今形只影单。李源再没有心思入蜀游玩，他落寞地踏上了归程。回到惠林寺不久，监院僧把圆泽法师的信转交给他。

原来圆泽法师早已预见到这段经历，他在信中告诉李源："后十三年，中秋月夜，杭州天竺寺外，当与公相见。"

十三年后，八月上旬，李源从洛阳赶到杭州来赴天竺寺之约。

中秋那天，天色向晚时分，李源看到葛洪川那边有一牧童骑着牛慢慢地过来。牧童拍着牛角唱道："三生石上旧精魂，赏月吟风不要论。惭愧情人远相访，此身虽异性长存。"

李源一听，便知牧童是圆泽法师的后身，他压抑着心中的激动，站起身声音颤抖地问："泽公，您……可还安好？"说着，就要走上前去。

牧童说："源公，慎勿相近。你是有信之人，可惜我俗缘未了。我们都好好修行吧，将来还会再见面的。"

说完，牧童拨转牛头，返身走向树林深处。月色昏黄，林深枝密，不一会儿，牧童和牛便消失了身影，天地间只余下牧童的吟唱："身前身后事茫茫，欲话因缘恐断肠。吴越山川寻已遍，却回烟棹上瞿塘。"

李源呆立在原地，耳畔又响起圆泽法师那句"人的命运，就是这样身不由己啊"。

听完这段故事，苏轼沉默良久。他手拊三生石，问道潜禅师："那位李源，后来如何？"

“据说他回到洛阳惠林寺，终老寺中。”

苏轼感慨道：“唉！想当年，父亲带着二十二岁的我、十九岁的弟弟入京应试，父子三人同榜得中，一时风光无两！乌台诗案，身陷囹圄，死神的身影在我眼前出没；贬居黄州，躬耕东坡，我做梦也想不到还能来到这湖山之间啊，哪里敢奢望能与禅师共处，得这半日之闲？！唉，人的命运，真是这样身不由己！人生如梦！我当以文记下这三生石的故事。”

不知不觉，日头已移到头顶。揖别“三生石”，二人顺着狭小曲折的山路回天竺寺。苏轼边走边说：“这会儿净慧禅师应该下禅床了吧！”

参考文献

1. 孔凡礼：《苏轼年谱》，中华书局，1998 年。

2. 林语堂著，张振玉译：《苏东坡传》，湖南文艺出版社，2016 年。

3.〔宋〕苏轼著，傅成、穆俦标点：《苏轼全集》，上海古籍出版社，2000 年。

4.〔宋〕苏轼著，王松龄点校：《东坡志林》，中华书局，1981 年。

5.〔宋〕惠洪：《冷斋夜话》，载陈新点校《冷斋夜话·风月堂诗话·环溪诗话》，中华书局，1988 年。

6.〔宋〕苏洵：《名二子说》，载苏洵《嘉祐集》，《宋集珍本丛刊》本。

第三章

径山寺：日僧圆尔的问禅之旅

【 径山寺 】

径山寺，全称径山兴圣万寿禅寺，位于杭州余杭区径山镇。唐天宝四载（745），由法钦禅师于此创建寺院。南宋时，径山寺位列“江南佛教五山”之首。

径山寺名僧辈出，如禅宗史上赫赫有名的大慧宗杲、无准师范等曾任住持。历代文人墨客，如苏轼、范仲淹、陆游、徐渭等，游山均留下诗文。

径山寺是禅门临济宗的祖庭，也是日本茶道的起源地。南宋时，日本名僧圆尔辨圆、南浦昭明等来寺学禅，回国后将“径山茶宴”（中国禅院茶礼）传入日本，演化为“日本茶道”。

本章以径山寺为背景，描述了日僧圆尔辨圆（谥号圣一国师）入宋求法，在径山师从无准师范禅师参禅、习茶的故事。

山中行，移步放教轻。无别意，恐它幽鸟惊。

山中住，落叶不知数。无人扫，翳却松门路。

山中坐，习闲成懒堕。少献花，但见猿偷果。

山中卧，不知时节过。雨打窗，好梦都惊破。

——〔宋〕无准师范《四威仪》

一、天下第一等宗师

五年前，初上径山，是圆尔辨圆一个人走上去的。他没想到，而今学禅有成、奉师命回日本国弘扬禅法之际，无准师范禅师竟要陪他从寺院一路走到山脚下。

“圆尔，你还记得你当年问我的问题吗？”

“师父，这几年来，我问的问题太多了，不知道您指的哪一个？”

无准禅师笑着指了指路旁刻石上的“双径归堂”四字。

师父这么一提醒，圆尔蓦地想起来，当年初到径山，在他眼里，径山的一切都是新鲜的，他是向师父问过这个幼稚的问题。

无准禅师注视着圆尔：“你不要认为这个问题幼稚！”

师父随口说出了圆尔心底的话，他暗自一惊：“我只是动了这样一个念头，怎么就被师父知道啦？”

“今天你要下山了，师父还是把这个秘密告诉你吧！”

圆尔笑了起来，他顽皮地问道：“师父，您印可我的禅境时，可是说过已经把佛法的全部奥秘都教给我了。怎么还猫教老虎，暗中留一手，到现在还藏着一个秘密呢？”

无准禅师哈哈大笑：“有这一问，我倒放心了。圆尔，为师盼你早归东瀛，提倡祖道。”

“师父的教诲，弟子谨记在心。不过，您不能只卖个关棙子啊，双径归堂到底有什么样的秘密，紧要处可不能略去不说啊！”

“不说是金针度人，说是画蛇添足。”

见无准禅师欲扬先抑，圆尔低下头侧耳恭听。

“达摩大师讲，禅有理入、有行入。不读经教，无处求佛语；不坐蒲团，无处悟佛心。用力经教，容易被名词概念迷惑住，纵是理上悟了，谈玄说妙、天花乱坠，事上做不得主，依然与佛心了无交涉。坐禅参悟，一旦明见自心，所有疑团一时砍断，就会明白读经教不是求佛语，禅坐也不是悟佛心，这些都是本分事而已。”

圆尔深深点了点头，他问道：“师父，双径归堂，到底是理入，还是行入？”

“空有净秽，善恶高下，不分别方为佛法；棒喝交施，苦相逼拶，有理路不是禅家。要入径山境，路不止这两条。要赏径山景，必须山中行，山行之妙，却在这条路上山，那条路下山。这样，才能所见圆融，对治偏颇与狭隘。”

径山寺

听了这番话，圆尔喊了声“师父”，停住脚步。无准禅师停下来，回过头来看着这位相处数年、分别在即的徒弟。

“师父，像您这样说法，我还没有听够。我想在径山再住两年。”

无准禅师一笑，他幽默地说：“圆尔，你这么说，我倒担心养虎成猫呢！”

圆尔笑着抬起头，望向四周。近处古木参天、碧竹滴翠，远处五峰环绕、白云青天，他叹了口气：“道在径山，这里藏了无数个秘密！我知晓的，才有几个？”

无准禅师说：“你看。”说着，他慢慢伸出右拳。圆尔后退了一小步。禅师笑着问：“你怕什么？”禅师松开拳头，化拳为掌，掌心向上。他问圆尔：“掌心里有什么？”

“空无一物。”

“如是如是。说到禅法的奥妙，为师对你没有丁点儿隐藏。”

端平二年（1235），三十三岁的圆尔辨圆乘船从日本出发，经过十多天的海上颠簸，到达大宋国的明州（今浙江宁波）。

来径山之前，圆尔辨圆在一年多的时间里参访了佛门多位善知识。他在明州景德律院听善月律师讲过戒律，又到天童山景德禅寺参访了痴绝道冲禅师。

圆尔来到大宋都城临安（今浙江杭州）后，先跟天台宗高僧柏庭善月法师学习天台教观，又往来于南屏山净慈寺、飞来峰灵隐寺之间，参学于笑翁妙堪禅师、石田法薰禅师座下。

要说起来，圆尔佛缘深厚，他到大宋国之后，所亲近的，都是赫赫有名的佛门大德。然而，圆尔心头对生死大事的困惑，依然未能解除。

灵隐寺知客德宁禅师见圆尔一心问禅，对他说："杭州城诸多高僧尊宿，你都参遍了，为什么不上径山？"

"为什么要上径山？"圆尔反问道。

"径山的无准师范禅师，有'天下第一等宗师'之称，你来大宋国参禅求法，怎么可以不去亲近他呢？"

"为什么说他是'天下第一等宗师'？"

德宁禅师是无准师范禅师的弟子，曾在径山多年。说起师父的禅风，自然如数家珍。

"无准禅师提倡'道在日用'，他不许弟子们读经看册，不许闲语杂事，只教人一心在禅堂里用功。我在径山住过禅堂，那里禅和子多得密如列筒，大众昼夜参究，各自都有觉触。无准禅师讲禅更是金针破翳，他说'学道无过两种病，若不滞在澄澄湛湛中，便在纷纷扰扰处'，他说'机用迅驶，如击石火闪电光'，禅和子要有'握土成金，握金成土'的手段，他法席极盛，被时人推为'天下第一等宗师'。"

听德宁禅师说完，圆尔对径山顿生向往之心。"不过，”他好奇地问，“无准禅师这个名字好怪啊！无准，是说他禅法没有标准吗？”

德宁禅师笑着说：“这个我不晓得。你要想知道，不如上径山直接去问禅师。不过，去径山你可得小心些，无准禅师有恶辣手！”

圆尔来径山，只是来试试看的，他并没把德宁禅师提醒的“恶辣手”放在心上。初上径山，他没想到，只是见到无准禅师行住坐卧的威仪，他就感受到了石火电光的震撼。

圆尔暗自欣喜：“我来径山，来对啦！这无准禅师，不愧‘天下第一等宗师’！”

圆尔在径山住下来，从此歇心云游参访之事。前前后后算起来，他在径山住了五年。在这五年里，包括做无准禅师侍者的两年，虽说朝夕相处，可随时参问，但圆尔一直不敢开口问：“无准是没有标准吗？”

如今下山归国，途中与师父共行，圆尔觉得，现在是最好的提问时机。

可是，话还没到唇边，圆尔便听无准禅师说道：“圆尔，你和我相处多年，怎么没问过‘无准’二字是什么意思？”

圆尔心中惊诧万分，他说：“我不敢问。”

“呵呵，还怕我的竹篦子吗？”

圆尔看着师父，哈哈大笑起来，以笑作答。

“善恶是非，佛法世间法，标准是有的。无，不是没有，是不执着。如佛在《金刚经》中所说‘应无所住，而生其心’。不执着，一切处总是受用处。”

对这句“一切处总是受用处”，圆尔太熟悉啦！恰是这句话，让圆尔不得不回想起无准禅师的恶辣手和那根令人战栗的竹篦子！

二、竹篦下死去活来

说到“竹篦子”，圆尔对无准禅师真是“畏爱兼抱”。说白了，无准禅师“恶辣手”挥舞的竹篦子，把他打怕了。

圆尔听从了德宁禅师的建议，行脚数日，登上径山。

无准禅师见到圆尔，跟他开玩笑说：“老和尚来了。”

圆尔合掌说：“师父慈悲，小僧圆尔，今年三十五岁。”

无准禅师摇了摇头：“圆尔，你把过去的事都忘啦！你前生就是僧人，前生加上今生，岂是三十五岁？自然是老和尚！”

无准禅师不着边际的话，令圆尔莫名其妙。不过，他暗自庆幸，获准留住径山，还被安排在方丈室，掌管衣钵，随侍禅师左右。只是无准禅师有时称他“圆尔”，有时称他“尔老”，令他有几分尴尬。

有一天，圆尔壮了壮胆子问无准禅师：“师父，您叫我老和尚，我真是想不明白。我怎么才能知道您说的是真的呢？”

无准禅师说：“上至诸佛菩萨，下至历代祖师，解脱生死这件事，哪有假的？解脱生死，是想出来的吗？去禅堂参究去！”

径山寺的禅堂名叫千僧阁，是著名的大慧宗杲禅师做住持时所建，可容纳千僧共修。

大慧禅师时代，禅门流行两种“禅病”：一者陷于经教及禅师问答语录中，揣摩虚实，耳听心解，以为禅悟；一者无言无说，闭眉合眼，只管打坐，妄念不断。

为对治这两种“禅病”，大慧禅师提倡“看话禅”。“看话禅”的关键，在于“参话头”。比如说，让参禅者在禅坐时用心看住“狗子无佛性”的这个“无”字。如果心中生起妄念，就用这个“无”去扫除。

无准禅师要禅僧们参究的话头，不是“狗子无佛性”，也不是“拖死尸的是谁”，当然也不是困扰圆尔好久的那句“老和尚来了”。

无准禅师站在禅堂中央，他把手里的竹棒高高举起。圆尔看到，那根竹棒完好光滑的一头握在禅师手里，另一头则劈成了数十瓣。

“唐代有位禅僧向首山禅师请法。首山禅师举起这个竹篦子问禅堂中的众人：看，这是什么？如果叫它竹篦子，是拘泥于常见；如果不叫它竹篦子，是背离了常识。你们说，该叫它什么？”

无准禅师手里高举着那根竹篦子，在禅座前走动着，不时把竹篦子往地上一戳，爆出清脆的声响。

圆尔的目光追逐着无准禅师的背影。禅堂宽敞高大，有几根柱子挡住了他的视线。但无准禅师的声音却清晰地传来："到底应把它叫作什么？诸位，你们用心参究，今日不要你们张嘴说。小参时，你们想闭口不语也不成！"

"叫它竹篦子，是拘于常见；不叫它竹篦子，是背离常识。到底该叫它什么呢？"圆尔坐禅深究苦参，两个月过去，却也没参出个所以然来。

要说圆尔亲近佛法，从少年时代就开始了。他在日本国时，师从多位高僧，系统学习了小乘佛教《俱舍论》、大乘佛教天台教观，修学密教被授予"传灯大阿阇梨"位。在日本佛教界，圆尔走到哪里，都受人尊重。

但他并不满足于此。圆尔时常反思："我出家以来，这些年学的大小乘佛教经典，只是增加了我的知识，对解脱生死轮回，有多少帮助呢？我应该去学习超越生死之海的禅法，不应在海边计算挖到了多少沙子！"

圆尔毅然放下了他在日本国的一切荣誉，只身入宋求法。

来到大宋国，他马不停蹄，四处寻访善知识，希望得到禅修上的指导。来径山依止"天下第一等宗师"无准师范禅师参学，圆尔十分珍惜这一法缘，他想尽快掌握禅法解脱生死轮回的奥秘。

可是，无准禅师随手举起的这个竹篦子，令圆尔为难了。用心参究了半年，感觉依旧没有理路可得，没有把柄可抓，没有门路可出。越参究，越困惑，甚至有时心慌脑涨。

这半年来，圆尔苦心参究，无准禅师看得清楚明白。他不时提醒圆尔："不要急，参禅须具长远心、恳切心及无所得心。"

听经、闻法、坐禅，是禅僧们在径山寺的日常功课。无准禅师在法堂为僧众说法，名为上堂。小参则不拘定所，多是简单的宾主问答。

圆尔身为无准禅师的衣钵侍者，自然得到更多"小参"的机会。

之前，圆尔长期浸染在经论中，习惯于在概念的思维分别中作探讨，对"首山竹篦"这一公案，他百思不得其解，只好请无准禅师答疑解惑。

无准禅师手里把玩着那根竹篦子，对圆尔说："先说说你悟到了什么。"

"这根竹棍，本来没有名字。叫它竹篦子，是为了跟其他东西作区别。如《金刚经》，如来说世界，即非世界，是名世界。"

无准禅师摇了摇头，他打断圆尔的话，晃着手中的竹篦子问："你叫它什么？"

圆尔刚要说出自己的所思所想，无准禅师抡起手里的竹篦子劈头盖脸打了下来。

圆尔感觉头皮痛，赶紧双手抱头蹲到地上。耳畔呼呼风响，那是无准禅师手中的竹篦子飞上飞下往他身上打。紧跟着，手背上一痛、肩上一痛、背上一痛……竹篦子像雨点一样落到他身上。直到把圆尔打得趴到地上，无准禅师才停下来。

圆尔壮着胆子抬头偷眼看向无准禅师。

无准禅师双眼圆瞪看着他，又扬起手中的竹篦子："这是什么？"圆尔不知道该怎么回答。这时，无准禅师把竹篦子扔到地上，伸出空空的手掌问他："这是什么？"

挨了这顿痛打，对师父手里的竹篦子，圆尔又恨又怕。此刻，师父把竹篦子扔掉了，圆尔心中稍有安顿。就在这电光石火间，圆尔豁然大悟！

有无二见，皆属此岸；二见俱空，始见彼岸。

圆尔泪流满面，在这番痛的深处，他看到了自己的愚拙、师父的慈悲。圆尔爬起身，跪在佛前焚香礼谢无准禅师。

看到圆尔被逼到山穷水尽处一转身柳暗花明，无准禅师欢喜地说："人们都说你学问如大海一般浩渺，方才在我的竹篦子下，一时干枯掉了吧！日后回到日本国，即便在没有一滴水的地方，你也能横起波澜，弘扬禅法啦！"

应圆尔请求，无准禅师为这件事写下一段法语。

"道无南北，弘此在人。果能弘道，则一切处总是受用处。不动本际而历遍南方，不涉寻求而普参知识。如是，则非特此国彼国不隔丝毫，至于及尽无边香水海，那边更那边，犹指诸掌耳。此吾心之常分，非假于它术。如此信得及、见得彻，则逾海越漠、陟岭登山，初不恶矣。尔侍者效善财游历百城，参寻知识，决明己躬大事。

其志不浅，炷香求语，故书此以示之。”

于竹篦下一番死去活来，圆尔读到这句“一切处总是受用处”，真是刻骨铭心，百感交集！

三、莫辜负这一碗茶

山路如带，绕在山间盘旋。师徒二人慢悠悠地走着。圆尔眷恋径山，此时要离开了，故意放缓步伐。无准禅师毕竟年过七旬，虽没有龙钟老态，脚力却大不如前。山路右侧的山地上，闪现出一片绿油油的茶园。圆尔知道，这片茶园是寺产。住径山这五年，他在这儿采过茶。

径山茶园

“师父，径山的茶为什么分外香？”

无准禅师答非所问：“圆尔，你回到日本国后，时间一久，就会忘掉径山茶的味道啦！”

“不会的，师父。我行囊里装了数十粒径山茶籽，回去就试种。我不但要把径山的禅带回去，也要把径山的茶香带回去。唉！”圆尔叹了口气，“可惜日本国人福报不够，要是能请师父去日本国弘扬禅法，那该多好！”

“日本国人怎么会没有福报？径山禅法，尽归圆尔。”

圆尔听了，双手合掌，对无准禅师躬身施礼。站直身躯，他又重复了方才的问题：“师父，您还没告诉弟子，为什么径山的茶分外香？”

“因为径山的茶是禅茶，是祖师种出来的，茶禅一味嘛，所以分外香。”

圆尔知道，径山种茶，始于开山祖师唐代法钦禅师。

法钦禅师本是儒生，大唐天宝年间，二十二岁的他去长安赶考的路上遇到了玄素禅师。玄素禅师见他气质不凡，对他说：“五等之爵，岂如三界之尊？”一语点醒梦中人！他出家为僧，来到径山喝石岩畔，结茅而居。后以道行名震天下，唐代宗赐号“国一禅师”。

起初，法钦禅师在寺院外种了数棵茶树，采以供佛。径山这块宝地，土质疏松，降水丰沛，特别适合茶树生长。没几年，那几株茶树根系蔓延，遍满山谷。

径山的茶，外形细嫩，味道鲜芳，汤色沉碧，香气清雅，回味悠长。茶产量少，径山被大宋朝廷列为禅门第一山后，径山茶成为皇室的“贡茶”。

“茶禅一味。”圆尔咂摸着师父的话。仔细品味，他感觉这四个字在唇齿之间也洋溢出径山的茶香。

径山的茶，多是在谷雨前采的嫩芽。径山茶香，对圆尔来说，再熟悉不过了。身为无准禅师的衣钵侍者，他负责照顾禅师的日常起居，夜寝昼餐，捧水擎茶，都是分内事。

径山的茶，一般有三种用途：供佛、待客、自奉。古来的煮茶法，头绪多，过程烦琐。径山禅僧删繁就简对“点茶法”作了创新。先用茶碾将茶叶碾成粉末，舀入茶碗中，往碗中冲开水时，用茶筅快速搅拌，茶水交融，一碗青绿。比起煮茶来，“点茶”省时、便捷，更为实用。

圆尔在径山随众作务，不仅学会了采茶、晒青、压饼、成团，还在无准禅师点拨下，学会了碾茶、烧水、点茶。他点的茶，茶汤均匀，浓淡随宜，颇为僧众认可，是寺中有名的点茶高手。

径山寺处处有茶的身影。寺中设有“茶堂”，禅僧坐禅之余，在此辩论佛理，品味茶香。禅堂内设有“茶鼓”，用以召集禅僧下座后吃茶。寺院执事专设“茶头”一职，负责烧水点茶，献茶待客。寺门前设有“施茶处”，每日委派数名僧人，对朝山香客惠施茶水。

在禅堂参究时，无准禅师还不时借茶说法。在“首山竹篦”之后，有一天，无准禅师换了“赵州茶”的公案让大家参究。

唐代有位赵州禅师，一天，有两位外地禅僧前去参访他。禅师问其中一人："你来过吗？"答："来过。"禅师说："吃茶去。"又问另一人："你来过吗？"答："没来过。"禅师说："吃茶去。"接待参访的监院僧不解地问："师父，怎么来过的、没来过的都让他们吃茶去？"禅师喊了声"院主"，监院应声，赵州禅师说："你也吃茶去。"

无准禅师手举竹篦子，在禅堂巡视着，大声说："诸位，一会儿止静后，大家用心参究：对来过的、未来过的，还有这院主，赵州禅师为什么都让他们吃茶去？"

一炷香燃完，禅堂开静。大家聚在一起吃茶时，无准禅师伸出右掌，依次向禅僧们讨要这碗茶钱。

走到圆尔跟前，无准禅师停下脚步。圆尔抬起头，见禅师一脸笑意。禅师没问他"赵州茶是什么滋味"，而是说了句："老和尚，莫辜负这一碗茶啊！"说完，快步走开了。

圆尔忘不了径山茶的香味，更忘不了他所经历的径山茶事的庄严。

饮茶，在径山寺也是禅修的内容之一。这碗径山茶，吃起来不容易，因为规矩森严。要说起吃茶的细节，圆尔记得清清楚楚。比如，吃茶时不得吹茶，不得掉盏，嘴里不得作声，取放茶盏不得敲磕……茶罢离位，走路要安详，不得急行大步及拖鞋踏地作声……

正如无准禅师说"一切处总是受用处"，径山茶事，是规范的茶礼，更是庄严的佛事。

每日在佛前供奉茶汤，称作“供茶”；按照受戒年限的先后饮茶，称作“戒腊茶”；请所有僧众饮茶，称作“普茶”；化缘乞食得来的茶，称作“化茶”……僧众每日坐禅要坐六炷香，每焚完一炷香，要“行茶”一次，借以清心提神，消除坐禅的疲劳。

初一、十五，无准禅师会同大众到佛殿烧一炷香，点一瓯茶，普礼三拜。有一天，无准禅师开示道：“今日随缘淡淡薄薄点一杯茶，以茶供佛，礼佛三拜，只是对诸佛祖师表达感恩。如果说这一盏茶能报德酬恩，那就是兔子吃牛奶了。”

下殿后，圆尔随侍无准禅师回方丈室。他问：“师父，为什么今天说这盏茶是兔子吃牛奶？”

无准禅师哈哈大笑说：“若能喝明白，这盏茶是醍醐，能解脱生死；若喝不明白，这盏茶是毒药，会肚胀腹痛。”说着，禅师看了圆尔一眼，意味深长地说：“圆尔，莫辜负老僧这一碗茶啊！”

四、一切处总是受用处

三年前，圆尔在径山参“首山竹篦”的公案豁然开悟，得到了无准禅师的认可，但他没有马上离开径山。就像刚孵出的小鸡需要老母鸡呵护，圆尔知道，无准禅师帮助他打破了对自我的执着、对法的执着，但悟了并非一了百了，还要好好保任、巩固所悟的境界。

在禅门，这叫“悟后起修”。见到彼岸，并非已经置身彼岸，人还在中流，需要继续向彼岸努力划桨。

保任期间，圆尔除了做侍者，还在寺中做杂役，种植茶树、采茶、炒制茶叶、纺织、炮制中药材、打麦、磨面、做豆腐、蒸馒头……每一项，圆尔都干得很起劲，他发现恰如无准禅师所说“一切处总是受用处”，茶里饭里，喜时怒时，净处秽处，忙时闲时，只要用心观照，都会法喜充满。

出坡劳作时，圆尔结识了扫地僧牧溪法常。牧溪不多言不多语，他负责清扫寺中露天的地面。

一天，牧溪拿着几幅画来到方丈室。圆尔赶紧为他点了一盏茶。原来牧溪禅坐之余，喜欢画画，今天他拿来这几幅新作，想请无准禅师题几句话。

打开看，牧溪的这些画，有折枝花果、禽鸟、鱼虾及蔬果，尽是些平平常常的事物，画面上大片留白。无准禅师看着不住点头，他说：“笔墨简淡，貌似稚拙，却不假妆饰，大有禅味！嗯？牧溪，这画是用毛笔画的吗？”

牧溪说：“有的是，有的不是。”

圆尔好奇地问：“那你用什么画？”

“有时想画画，找不到笔，随手能拿到啥，就拿起来随笔点染了。像这几幅画，有甘蔗渣画的，有扫帚把画的。”

无准禅师赞叹说：“无物不是笔！《金刚经》讲‘离一切相’，牧溪做到了！”说着，他看了圆尔一眼：“牧溪在绘画上破了法执！这就是笔尖上具眼！”

禅师选出一幅《草虫图》，在空白处题了几句话：“似则似矣，是则未是。若是伶俐衲僧，不作这般虫豸。”

见圆尔喜欢，牧溪送给圆尔几幅小画。圆尔视为珍宝，小心翼翼收藏起来。圆尔请牧溪为无准禅师画幅肖像，牧溪未置可否。

半月之后，圆尔收到了牧溪为无准禅师所绘的肖像。他喜出望外，拿到方丈室请师父题字。这一次，无准禅师相当痛快，也没考他禅机，迅笔写道："大宋国日本国，天无垠地无极。一句定千志，有谁分曲直？惊起南山白额虫，浩浩清风生羽翼。"

无准禅师自题的这幅顶相，此刻，就在圆尔背上的行囊里。

春深处，草木葳蕤，山中美景怡人。毕竟人非草木，下山途中，师父虽近在身边，但想到分别在即，圆尔心中离情萧索。

随师学禅这五年，山中清苦，圆尔甘之若饴。

圆尔身为侍者，时常伴在禅师左右。一日，师徒二人漫步到山门前，禅师拾起拄杖说："圆尔，这个大解脱门，每日与众人同出同入，他人行一步，老僧也行一步，他人行两步，老僧也行两步。走一步两步容易，走三步五步就难了。为什么呢？脚下有道！把心用到脚头脚底，可是不容易啊！"

日子就这样平平淡淡地过着，若非禅堂失火，圆尔在径山过得也算波澜不惊。

一夜醒来，寺中那偌大禅堂，竟化为灰烬。火势蔓延，其他建筑也有不同程度的损坏。昔日庄严的佛刹，如今尽是黑漆漆的断壁残垣。

径山风光

看径山寺罹此灾难，圆尔禁不住伤心落泪。

无准禅师临事不乱，他上堂开示说：“火焰为三世诸佛说法，三世诸佛立地在听。诸位，是听在说处，是说在听处，还是听说两忘？且听老僧道来：劫灰飞尽见灵踪，突兀凌霄对五峰。意在目前谁共委，相同扶起旧家风。”

无准禅师声名鼎盛，待人接物却十分平易，胸襟宽广，对徒众甚宽。寺僧做得好，他予以赞扬；偶有过失，也从不责备。因此，寺中虽遭火厄，各地前来参学的禅僧们宁肯露坐檐宿，也不忍离去。

禅师的摄受力和径山道风的庄严，令圆尔深为感动。

途经一座山亭。圆尔说：“师父，咱们歇歇脚吧。”无准禅师点头应允。

重建径山期间，圆尔陪禅师多次下山化缘。有一次，归山途中，在这山亭歇脚时，无准禅师给圆尔讲了一个故事。

“上次下山化缘，在闹市中，老僧见到了空性之神舜若多与无舌尊者骄梵钵提。他们坐在一宝物前。那宝物，价值三千大千世界。二人都想要，于是约定辩法，胜者得宝。”

“骄梵钵提问舜若多：‘你是空性之神，既然空，何以立论？’舜若多说：‘以虚空立论。’紧跟着，舜若多问骄梵钵提：‘尊者无舌，何以立论？’骄梵钵提说：‘以寂默立论。’”

圆尔津津有味地听着。

“二人辩论了八十个来回，不分胜负。老僧上前道：‘二贤者，可听老僧一言？’二人说：‘我们争论好久，未分胜负，禅师快来做裁判吧。’”

“老僧说：‘若以虚空立论，则问者空，答者空，听者空，其论也空。若以寂默立论，则问者寂，答者寂，听者寂，其论也寂。哪里有什么胜负？’”

“看他们目瞪口呆，老僧趁机夺宝而归。”

看圆尔若有所思，无准禅师问道：“圆尔，你说老僧得的是什么宝？”

圆尔低眉合掌说：“愿听师父开示。”

无准禅师故作神秘状，掩口小声对圆尔说：“有求皆是苦，无求乃真乐。老僧与你通个消息吧。”说完，哈哈大笑。

三天前，无准禅师突然召圆尔入室。禅师在佛前上香，郑重地说：“圆尔，昨夜梦中，径山土地神广泽龙王前来提醒我，该让圆尔回日本国弘扬径山禅法啦！”

圆尔惊诧万分，迟疑地说：“师父，不要赶我走！您只是做了一个梦啊！”

无准禅师摇了摇头：“老僧忽然省觉，细详前事。梦是虚也，实也？有也，无也？梦也，觉也？若说是梦，觉者是谁？若梦是觉，因何有梦？梦里梦外，皆是因缘。圆尔，你速去收拾，三日后，老僧送你下山。”

师命难违，圆尔只好匆忙做起归国的准备。

送圆尔下山之前，无准禅师拿出了《佛祖宗派图》。圆尔看到，图中列出了西天禅宗二十八位祖师、东土初祖达摩至慧能六位祖师以及六祖门下南岳怀让禅师至无准师范禅师共五十四世。

在为五十五世预留的空白处，无准禅师亲笔写上了“圆尔辨圆”。

参考文献

1.〔明〕宋奎光：《径山志》，明天启四年（1624）刊本影印，载杜洁祥主编《中国佛寺史志汇刊》，台北明文书局，1980年。

2.《无准师范禅师语录》，载《径山禅宗祖庭文化论坛论文集》，杭州市宗教研究会、杭州市佛教协会，2017年。

3.魏建震：《无准师范禅师与径山寺略论》，电子文本。

4.释法缘：《南宋求法日僧圆尔辨圆——对日本佛教文化的贡献与影响》，电子文本。

第四章

凤林寺：只此浮生是梦中

【凤林寺】

凤林寺，俗称喜鹊寺，在岳庙东，唐元和年间裴常棣任杭州刺史时建，鸟窠道林禅师在此弘法。后，白居易任杭州刺史时，前来拜谒。清末民初，寺院渐废。20 世纪 50 年代，在寺院遗址上建杭州饭店（今香格里拉饭店）。寺前古树保留至今，树冠硕大，翠绿苍劲。

本章以凤林寺为背景，描述了唐代杭州刺史、大诗人白居易与鸟窠禅师之间的故事。

来时无迹去无踪，去与来时事亦同。

何须更问浮生事？只此浮生是梦中。

——〔唐〕道林《答白刺史偈》

一、一生几许伤心事

大唐开成二年（837）三月，卜居洛阳履道里的白居易，望着眼前似有还无的春色，无端想念起杭州来。

与杭州相比，春到洛阳是迟的。三月的杭州，早已“日出江花红胜火”，洛阳却“花寒懒发”。远处的河堤上，柳树摇曳着干枯的枝条，什么时候才能染上如烟的春绿？唉，还有水，洛阳的伊水、洛水，还是冬天那个样子。

想到杭州，白居易感觉自己像是插上了翅膀，一下子飞到了杭州城的上空。纵目望去，西湖的春水碧波荡漾，远近的山峦郁郁青青，婀娜摇曳的柳丝，迎风招展的酒旗，杭城民众一张张充满欢喜的笑脸……

他诗兴勃发，濡毫蘸墨，信笔写道：“江南好，风景旧曾谙。日出江花红胜火，春来江水绿如蓝。能不忆江南？”

这时，夫人杨氏把一盏热茶送进书房。

白居易搁下笔，接过茶盏。举盏欲饮时，一缕细长的白发毫无声息地从额畔垂到眼前。一瞬间，白居易像被施了定身术。茶盏在手中高高举起，离唇边不过寸许，他却愣怔着忘了喝。

他听到心底发出一声低沉的悲叹："我老了！"白居易无可奈何地摇了摇头，他心有不甘，又不得不承认这个事实："都六十六岁啦，能不老吗？"

眼前晃来荡去的那缕白发，让白居易想到前辈诗人、尚书右丞王维的《叹白发》："宿昔朱颜成暮齿，须臾白发变垂髫。一生几许伤心事，不向空门何处销。"

白居易喃喃自语："一生几许伤心事！一生几许伤心事？"抬头望着画在北壁上的佛像，他对自己说："佛说得没错！人生充满了苦啊！"

佛说人生主要有八种苦：生苦、老苦、病苦、死苦、爱别离苦、怨憎会苦、求不得苦、五阴炽盛苦。这些苦，白居易都尝遍了。

在他人眼里，这位名满天下的大诗人，少年取仕，雁塔题名，朝中为官，颇受信赖，外放刺史，主政一方，他怎么会经历这么多的苦呢？想到这些，白居易苦笑着摇了摇头。

此时，他蓦地意识到手中还端着茶盏，盏中的茶已经凉了。他舍不得倒掉，举盏一饮而尽。如人饮水，冷暖自知。这一生，自己经历了多少的苦涩与甜蜜？一幕幕往事，在他脑海里迅速闪现着。

恍惚中，他看到了自己的童年。那是在郑州新郑，他无忧无虑地生活在父母身边。听人说，自己六七个月大的时候，就已经认识了屏风上的“之”“无”等字。虽然那时不会说话，但如果有人问，他会用胖乎乎的小手指出来。

从他三四岁开始，母亲手执诗书，循循善诱。他偶尔淘气，母亲也未尝加之一呵一杖。回首往昔，白居易感慨万端：“童年的时光，竟然是人生最甜美的啊！”

在少年白居易的记忆中，家总在不停搬来搬去。父亲升任徐州别驾，家人随之迁入徐州。淮西节度使兴兵作乱，徐州城陷入旋涡之中，他随家人投靠亲友，避祸江南，颠沛流离，艰辛跋涉，五六年间，备尝苦涩。

要说起来，这些“生苦”，还能承受得住，应付得过去。父亲移官襄阳，家人随之搬进襄阳古城。次年，父亲在官舍病逝。白居易饱尝了这生生将亲人从身边夺走的“死苦”。

父亲去世，他随母亲迁居徐州。守孝期间，生活失去来源，家人又要面对“生苦”。子幼家贫，母亲操劳过度，忧愤成疾，时而发狂。他和弟弟生活没有着落，不得不向邻居索米求衣。

要改变命运，只有“取仕”这条路。若能入仕，“能力大者登台阁，小者任郡县，资身奉家，各得其足”。

白居易看到了自己发愤读书的身影，白天练习作赋，夜里挑灯读书，偶尔作诗。饱尝读书的苦，他心急上火，口舌成疮，伏案日久，手肘结茧，身体消瘦，视力下降，齿摇发白。

守孝期满，他协助母亲把家搬到洛阳，自己孤身投奔在宣州任溧水县令的叔父。旅途寂寞，想到家贫多难，衣食维艰，前程如梦，他愁肠百结，常常夜不能寐。

当年秋天，他从浮梁兄长处运米回洛阳。途中逢月圆之夜，感怀身世，他怆然泪下，提笔写道："时难年荒世业空，弟兄羁旅各西东。田园寥落干戈后，骨肉流离道路中。吊影分为千里雁，辞根散作九秋蓬。共看明月应垂泪，一夜乡心五处同。"

那时，年少的他已经明白了一个道理：人活着就是要撑下去。

人生多苦，但其中也掺杂了一些快乐。这些短暂的快乐，鼓励着白居易硬撑过了艰难岁月。

想到快乐，白居易眼前闪现出二十七岁通过"乡试"、二十八岁通过"州试"、二十九岁进长安应考，以第四名进士及第的片段。"慈恩塔下题名处，十七人中最少年！"千人应试，十七人及第，自己年纪最小。那一刻真开心！

本以为仕途之门从此敞开，贫穷困苦的生活从此结束，他没想到，接下来还要等待五年，才被授予校书郎一职。

煎熬了五年，终于有了俸禄，白居易赶紧在长安租下房子，把母亲从洛阳接过来。母子连心，母亲的"病苦"，就是他的"病苦"，他陪母亲遍访长安城中的名医，但母亲的病情却反反复复。无可奈何之际，他用微薄的俸禄请来两个健壮的中年妇女日夜陪护母亲……

夫人杨氏走进书房，取走书案上的茶盏。她看到书案上的墨迹，看到夫君仍坐在书案前发呆，以为他仍在构思佳作，便识趣地悄然退出。

看着岁月在夫人眉角留下的皱纹，白居易回想到三十七岁时与年轻貌美的夫人成婚时的甜蜜。执子之手，与子偕老。相伴相惜，相依为命三十年，夫人的满头乌发如今已是两鬓霜雪。

成婚之后，白居易想生个儿子，于是，无论长安、江州还是杭州，他和夫人一直生生生……然而，生下的都是女儿，且活下来的只有一个阿罗。

五十八岁那年，生下儿子阿崔！白居易欣喜若狂，写诗告诉友人："五十八翁方有后，静思堪喜亦堪嗟。"孰料，"掌上明珠"崔儿三岁时夭折了。

想到崔儿，白居易不禁泪湿双眼，他慨叹一声："人间种种的求不得，都是苦啊！唉，一生几许伤心事，不向空门何处销！"

说到空门，白居易想到了他在杭州结识的鸟窠禅师。

将台山

二、鸟窠禅师

在见到鸟窠禅师之前，身为杭州刺史，白居易已经多次听韬光禅师提到这位富有传奇色彩的禅僧。

鸟窠禅师的修行方式很特别，他不在寺院住，也不在山中茅棚住，而是住在秦望山中的一棵松树上。

白居易问韬光禅师："秦望山在哪里？"

"秦望山，也叫将台山，是西湖南岸群山的一座山。"

"鸟窠，这个名字有些奇怪啊！"

韬光禅师笑着说："这是人们称呼禅师的别号，并非真名，鸟窠禅师法号道林。"

道林禅师是富阳人，少年出家；成年后，在湖北荆州果愿寺受具足戒，成为正式的僧人；之后求学长安，在西明寺系统学习了《华严经》；而后行脚天下，又在江西百丈山依止怀海禅师参禅多年。

道林禅师云游到杭州时，见秦望山中的大松树枝叶茂密，盘屈如伞盖，从此栖止树上。松树高处，有个喜鹊窝，禅师与喜鹊同居一树，互不相扰。相处日久，喜鹊对这个邻居也非常信任。禅师坐禅时，淘气的小喜鹊经常飞到他怀里蜷伏起来，就像归巢一样。或许因为这个缘故吧，人们把道林禅师称作"鸟窠禅师"。

"鸟窠禅师无论冬夏，都是一件单衣。身上的衲衣又旧又破，他也不在意。我看哪，是他没得换。"韬光禅师笑着说。

白居易感觉好奇，问道："一件单衣，要说夏天怎么也过得去。冬天冰天雪地，他难道不冷？"

"这个，你要去问他。不过呢，我佛释迦当年在雪山修行时，也是冬夏一衲。想来精进禅修的人，或许能不避寒暑吧。"

听韬光禅师讲鸟窠禅师的奇闻逸事，白居易说："鸟窠禅师什么时候到城里来？我愿意供养他一件新衲衣。"

韬光禅师摇了摇头："听说他这些年一直在秦望山上，从未下山入城。你想供养他新衲衣，可以上山去见他。"

白居易很想去拜访鸟窠禅师，但眼下，杭州城有件更大的事需要他操心。

长庆三年（823），白居易出任杭州刺史的第二年，由春入夏，杭州降雨极少，遭遇了前所未有的干旱。素有"江南水乡"之誉的杭州，竟然闹起水荒。

西湖里原本丰盈的湖水日渐减少，城中百姓日用的六口大井水量也一天天减少，并且混浊。百姓生活煎熬，白居易心急如焚。

白居易素怀"穷则独善其身，达则兼济天下"的大愿。入仕之初，唐宪宗时，白居易"志在兼济"，积极进取，伤民病痛，以诗歌反映现实，干预时政，刺谏不公，卷入朝廷的政治旋涡之中。

不幸的是，母亲这时出了意外。白母患有心疾，时而发狂。为照顾母亲，白居易花钱雇请了两位壮妇朝夕陪护。一日，陪护者稍有懈怠，白母坠入花园井中，不幸溺亡。

朝中政敌抓住这个机会，说白母因看花坠井而死，白居易却写了《赏花》《新井》诗，构陷他犯了有悖人伦礼法的“不孝”大罪。白居易有口难辩，旋即被外放，贬谪为江州司马。

唐穆宗继位后，因欣赏白居易的才华，将他召回长安，任司门员外郎。随后不久，皇帝又任命白居易为近侍、诏旨敕制的“知制诰”。长庆元年（821），白居易又升任中书舍人。不到两年，三次升职，可谓荣极一时。

白居易对“宦途气味已谙尽”，他深深体味过官场的险恶与残酷，因此决心“险路应须避”。他主动向皇帝上疏，提请外放，借此避开政治中心的旋涡。

长庆二年（822）七月，白居易被任命为杭州刺史。对由“兼济”转向“独善”的他来说，执政杭州这一东南大郡，也能局部实现“兼济”的夙愿！

为解除旱情，白居易依照前例，带领民众先后到伍相庙、城隍祠、皋亭庙等处祈雨。旬月过去，未见成效。

严峻的现实让白居易明白了一个道理：要解决干旱，单靠祈求上苍恐怕行不通。他走出府衙，察看湖区、河流、水井——西湖湖面缩减，杂草丛生，必须疏浚，增加蓄水量；钱塘江与西湖之间需修大堤和水闸，旱时蓄水，涝时排水；市民生活离不开的六口大井也应当淘一淘啦！

白居易寻访了城中年高德劭的老者，询问解除旱情的良策。他发现当务之急是兴修水利，引水入杭。

八月酷暑，白居易同时启动了浚湖、筑堤、淘井这三项工程。成千上万的杭州人扛锹提桶参与其中。身为刺史的白居易亲力亲为，依靠人多的优势，三项工程不到一月即告完工。

旱情解除，水润山灵，杭州城重又欣欣向荣，再现了“骈樯二十里，开肆三万家”的繁荣景象。

此时，郡政清闲，白居易想起了那位隐身秦望山中的鸟窠禅师。

由西湖南岸入山，沿着曲折的山路走到山深处。在一片古松林中，白居易见到了钦慕已久的鸟窠禅师。

古松枝繁叶茂，枝干旁逸，鸟窠禅师端坐树间。在他头顶上的枝叶间，果真有个喜鹊搭的草窠。

白居易上前施礼，他抬头问道：“禅师，您在树上不危险吗？”

“我这里哪有什么危险？刺史，你才危险呢！”

“下官是执政一方的郡官，有什么危险？”

鸟窠禅师说：“名利场中的人，被欲望驱赶着，种种烦恼，如薪火相交，火势正旺呢！迷失自性，得意则忘形，失意则生怨，怨恨憎恚，喜怒哀乐，苦累交煎，没有稍息之时。这难道不危险吗？”

听禅师这番话，白居易想到自己二十多年的宦海浮沉，不禁点头称是。

虽是初见，禅师的三言两语，已让白居易受益匪浅。他对这位山中隐居、不畏寒暑的鸟窠禅师倍加恭敬。

白居易又问：“禅师，何为佛法大意？”

禅师说：“诸恶莫作，众善奉行。”

禅师前面讲的，句句说到了白居易心坎上。但这一答，白居易感觉略失浅显，心中不免失望。他说：“禅师怎么不说深奥的佛法？‘诸恶莫作，众善奉行’，三岁孩儿也会这么说。”

鸟窠禅师说：“这两句话，虽然三岁孩儿也说得出，八十老翁却未必能做到！”

禅师的话，犹如一盆冰雪，从头上倾注下来，白居易心中一凛：“禅师说得好！佛法在行不在说！纵然谈玄说妙、头头是道，若不身体力行，又如何体会佛心？这位禅师果然了得！”

三、布毛一吹

白居易没想到，不久之后，自己不仅成为鸟窠禅师走出秦望山、入住西湖喜鹊寺的见证者，还见证了禅门师徒之间的一段奇缘。

鸟窠禅师的侍者会通法师，是杭州本地人，原名吴元卿，曾在朝廷任供奉官。他与佛法的因缘甚深，说来不可思议。

一年春天，吴元卿在宫中花园赏花时，听到虚空之中传来声响：“虚幻之相，开谢不停，能坏善根，你怎能贪图这些？”

他顿时愣住。

从此，吴元卿心慕佛门，想出家为僧。他上奏皇帝，请求出家，却未能获准。

过了一段时间，他接到家书，母亲病重，想见他一面。他上奏请求归家省亲，皇帝恩准并予以厚赐。

回到杭州后，吴元卿结识了韬光禅师。在韬光禅师的引荐下，他在鸟窠禅师座下皈依佛门，成为在家修行的居士。

吴元卿对鸟窠禅师的禅定功夫十分钦佩，觉得禅师树栖山居难以向大众弘扬佛法，他发愿施舍净资要在城里为鸟窠禅师建座寺院。蒙当时的刺史裴常棣恩准，这座喜鹊寺选址在西湖北岸。

寺院竣工后，鸟窠禅师随顺因缘，应请下山。这样一来，白居易亲近鸟窠禅师就方便多了。

初次进山拜访鸟窠禅师回到城中，白居易一想起禅师说的那句“刺史，你才危险呢”，便心有戚戚。

当年被贬出长安、外放为江州司马后，白居易感慨于世路艰难、官场险恶，开始栖心佛禅，佯狂诗酒，过着“外以儒行修其身，内以释教治其心，旁以山水风月、歌诗琴酒乐其志”的生活。

曾有高僧想把这位名满天下的诗人度入佛门，但白居易无法狠心抛下妻女家眷，他决心担负起人间的责任，选择了“进不趋要路，退不入深山”的“吏隐”之路。

居家修行的白居易，倾心参禅。与诗友们唱和时，他喜欢把参禅所悟写进诗句——“自从苦学空门法，销尽平生种种心”“禅功自见无人觉，合是愁时亦不愁”“荣枯事过都成梦，忧喜心忘便是禅”“是非都付梦，语默不妨禅”。

白居易之所以倾心佛法，是因为佛法中的苦、空、无常，帮他纾解了忧愤，摆脱了尘世的烦恼，让他获得了暂时的自在。要说自己对佛法的体悟，白居易也颇为自许。

鸟窠禅师却不与他谈玄说妙，一句“诸恶莫作，众善奉行”，让白居易虚空高蹈的双脚从云端踏回到大地上来。

之前，郡政之暇，白居易常到灵隐、天竺等寺院游憩。鸟窠禅师下山入城后，他来喜鹊寺自然多一些。

这一天，白居易来拜访鸟窠禅师，先前的吴元卿、如今的会通侍者，引领他来到禅师的禅房。

喜鹊寺建成之后，吴元卿提出要追随鸟窠禅师出家。鸟窠禅师当时没有答应，劝阻说：“僧人的修行生活太清苦。”

吴元卿说：“假如禅师肯收我为徒，我一定会遵从您的教诲。”

鸟窠禅师说：“你何必要执着这个出家相？做个在家菩萨，好好修行，一样可以解脱生死。”

吴元卿请求了三次，鸟窠禅师都没有同意。

韬光禅师听说了这件事，对鸟窠禅师说："这位吴居士没有妻室，他发愿为禅师建造寺院，现在要追随你出家修行，你不度他，谁来度他？"

鸟窠禅师只好为吴元卿披剃，赐他法号会通，命他做侍者。

见到鸟窠禅师，白居易从袖中取出新近写的一首诗呈给禅师："特入空门问苦空，敢将禅事叩禅翁。为当梦是浮生事，为复浮生是梦中？"

禅师读后，会心一笑，他让会通侍者备好纸笔，当场回赠了白居易一首诗："来时无迹去无踪，去与来时事一同。何须更问浮生事？只此浮生是梦中。"

白居易虽在宦海浮沉多年，却从没想过浮生若梦。读完禅师的诗，他一时无语。

这时，侍立一旁点茶倒水的会通侍者扑通一声跪倒在地。

会通说："师父，弟子自皈依以来，发心建寺，请师父驻锡弘法。出家以来，更是随侍师父左右，从未敢懈怠。可这前前后后十六年，弟子从未得到师父开示心要。我想，或许是弟子和师父缘分浅吧，我想就此别过，去其他地方参学去。"

白居易了解喜鹊寺兴建的缘起，对会通侍者心存赞叹。他也知道会通素来对鸟窠禅师十分钦敬，也见到了会通出家后精进修行。他心中不解：为什么鸟窠禅师不向会通开示心要呢？

白居易抬头看向鸟窠禅师，眼神里充满了疑惑。

鸟窠禅师淡定地看着会通，含笑说："要说佛法心要，老僧这里倒也有一点。"

会通跪在地上，端直身子问："如何是和尚心要？"

鸟窠禅师没有说话，他只是将僧衣上即将脱落的一丝绒毛拈在手中，举到唇边，轻轻一吹。那丝绒毛离开禅师手指，向门口飘去。

会通的眼睛一直盯着禅师看，此刻，他大喊一声："弟子明白了！"纳头便拜。

眼前这一幕，让白居易感觉困惑。鸟窠禅师拈起布毛一吹，会通便说自己明白了。这怎么会是佛法心要？仿佛雾里看花，他不知道这到底是怎么回事。

要说禅师说禅，真是各有手段。白居易身为翰林学士时，向长安大兴善寺惟宽禅师问禅，那可不是眼前这般光景。

白居易问："禅宗号称'不立文字'，禅师为什么还要说法？"

惟宽禅师笑着说："佛的智慧体现于身口意。在行为上为律，在言说上为法，在修心上为禅。律、法、禅虽然表现为三种，源头却是一致的。就像江、河、淮、汉，名称不同，水质并无多大差别。在悟道的人看来，律就是法，法不离禅，身口意都不离于心。白翰林何必妄加分别？”

惟宽禅师说完，白居易随即心有所悟。他略作思索，又问：“既然不用分别，禅门为什么还要人修心？”

惟宽禅师话锋一转反问他：“金屑贵重吗？”

白居易说：“贵重啊！”

禅师又问：“金屑虽然贵重，但它若跑到你眼中，你会欢喜吗？”

白居易想，别说坚硬的金屑，就是一粒灰尘入眼，眼睛也会难受。

禅师接着说：“金屑虽贵，落入眼里也是病！人们执着于自己的见解，以自己的标准衡量一切，因此烦恼接连不断。禅心无住，犹如人的眼睛，任何东西都不能存留，因此禅门要人修心。”

惟宽禅师的话，令白居易的心豁然贯通。鸟窠禅师什么也不说，只是拈起布毛一吹，会通是怎么理解的呢？

四、江南忆，最忆是杭州

会通侍者欢喜地起身退出。因为这个因缘，在后世辑录的禅门灯录中，会通侍者又被称作“布毛侍者”。

禅房内只剩下白居易和鸟窠禅师。他向禅师道出了心中的困惑。

禅师说：“会通侍者用心修行了十六年，他一直对我有所依赖。虽然读诵经典，但他对佛法的认知，还停留在文字上。出家后，他为我做侍者，我一直对他表法，只是他没有会心。”

白居易问：“禅师怎样表法呢？”

“他端茶来，我便喝茶；他送水来，我便拭面。一切现成，不劳装潢，何须言说？”

白居易好奇地问：“那今日之事，又如何说？”

禅师淡然一笑：“刺史结缘佛门日久，难道不知晓禅门所说：未悟之时，运水搬柴烧饭；已悟之后，运水搬柴烧饭吗？”

白居易一愣，拱手作礼：“请禅师赐教。”

禅师说：“悟道之前，搬柴时想着运水，运水时想着烧饭；悟道之后，搬柴时就想着搬柴，运水时就想着运水，烧饭时就想着烧饭。”

说完，禅师朗声大笑。

这回，白居易有所领悟，他也跟着禅师笑起来。

“无论醒时，还是梦中，欢喜哀愁都是欢喜哀愁，没有区别。学禅的人不去分辨醒梦之间的区别，而是时刻不忘观照好自己当下这一念心！”

禅师的话，解开了白居易深藏心底的一个心结。

当年，母亲在园中看花坠井身亡后，政敌诬陷他的《看

开元寺

花》《新井》诗是大不孝。他被贬谪出京城，外放江州。事情过去了很多年，他一直不愿在诗中提及花事，甚至看花也不想题诗。在人间饱受的苦难，令他时时感觉无助；对人心险恶的体验，又让他常常心生恐惧。

禅师仿佛看到了白居易心底的波澜，他悲悯地说："人生最大的苦，是身在苦中却不知是苦。只有知苦，才能离苦啊！"

禅师的话，推开了白居易的心窗，他心中那片暗影被慧日照破，一时内外通澈。他当下体悟了禅宗"不立文字"的玄妙，可以"言下忘言一时了"；又感觉到禅师说法的深刻，能让人省悟"梦中说梦两重虚"。

真是"惹愁谙世网，治苦赖空门"，白居易明白了这层道理，自然对鸟窠禅师更加服膺。

打开心结的白居易，再到寺院随喜参访时，又写出了不少咏花诗，如著名的《僧院花》："欲悟色空为佛事，故栽芳树在僧家。细看便是华严偈，方便风开智慧花。”

想到禅院与花，白居易想到了赏花开元寺的事。他在杭州清平山下的开元寺赏花时，邂逅了诗人徐凝。

开元寺僧惠澄在京师寻到牡丹良种，携至杭州在寺中试栽成功，引得文人骚客前来观赏。

诗人徐凝是浙江桐庐人，颇有诗名，但怀才不遇，当时尚是布衣。一日游杭，徐凝在开元寺赏牡丹，在素壁上题诗一首：“此花南地知难种，惭愧僧闲用意栽。海燕解怜频睥睨，胡蜂未识更徘徊。虚生芍药徒劳妒，羞杀玫瑰不敢开。惟有数苞红萼在，含芳只待舍人来。”

说来也是因缘巧合。徐凝题诗后不久，身为刺史的白居易果然来了。他一读此诗，大为欣赏，从此对徐凝大加提携。后来，徐凝进士及第，官至侍郎……

夫人杨氏又送来一盏茶。白居易禅坐在书案前，收回心神。

自闲居洛阳以后，一静下来，白居易总是不自觉地回想到一些往事。人一旦习惯于回忆往事，就意味着老了。衰老是一种逃避不开的苦，即便是名满天下的诗人，也逃避不开衰老，就像他逃避不开往事一样。

上了年岁之后，白居易眼有些花，很少看经，诗写得比以前少了，他腿脚乏力，原来喜欢去寺院做佛事，如今也不愿奔波。在家闲居，他每日持斋念佛，“行也阿弥陀，坐也阿弥陀……旦夕清净心，但念阿弥陀”。

白居易发现，回顾一生中所经历的苦楚，就像看结过痂的伤疤一样，伤疤还在，痛的记忆还在，只是此时人已心平气和。

看着书案上的诗笺，白居易轻轻吟哦：“江南好，风景旧曾谙。日出江花红胜火，春来江水绿如蓝。能不忆江南？”

说到江南，自然离不开杭州、苏州。后面写什么呢？

说到杭州，他最想念的地方是哪儿呢？“在郡六百日，入山十二回。”这山便是飞来峰、北高峰、武林峰……

还想念杭州的什么？是灵隐寺殿堂的庄严、飞来峰的崔嵬葱茏，还是山中月夜的湛蓝静谧；是佛殿前月台上桂树落下的桂子，还是伫立在郡亭上远望钱塘潮涌来……

心到，手到，笔到。他手中的笔又飞快地在纸上游走起来：“江南忆，最忆是杭州。山寺月中寻桂子，郡亭枕上看潮头。何日更重游？”

“何日更重游？唉！”白居易长叹一声，摇了摇头，把笔轻轻搁到笔架上。

参考文献

1.〔宋〕赞宁：《宋高僧传》，中华书局，1987 年。

2.〔明〕瞿汝稷编撰，德贤、侯剑整理：《指月录》，巴蜀书社，2012 年。

3. 蹇长春：《白居易评传》，南京大学出版社，2002 年。

4. 杜晓英：《白居易传》，大众文艺出版社，2008 年。

5.［日］花房英树：《白居易年谱》，电子文本。

6.〔明〕莲池法师：《缁门崇行录》，电子文本。

第五章

韬光寺：楼观沧海日，门对浙江潮

【韬光寺】

韬光寺，位于灵隐寺后山，唐代古寺。寺中的观海亭，是领略“楼观沧海日，门对浙江潮”美景的最佳之地；寺中的金莲池，是唐代茶文化的重要遗迹，清代乾隆皇帝下江南时，曾莅临寺中饮茶。

历代文人墨客，如白居易、苏轼、袁宏道、张岱等，对韬光寺多有吟咏。

本章以韬光寺为背景，描述了明代文人、佛门居士袁宏道来韬光寺参访的故事；同时，也介绍了唐代诗人、杭州刺史白居易与住持韬光寺的蜀地名僧韬光禅师之间的交往。

韬光在山之腰，出灵隐后一二里，路径甚可爱：古木婆娑，草香泉渍，淙淙之声，四分五络，达于山厨。庵内望钱塘江，浪纹可数。余始入灵隐，疑宋之问诗不似。意古人取景，或亦如近代词客，捃拾帮凑。及登韬光，始知“沧海”“浙江”“扪萝”“刳木”数语，字字入画，古人真不可及矣。宿韬光之次日，余与石篑、子公同登北高峰绝顶而下。

——〔明〕袁宏道《韬光庵小记》

一、东坡后身

“子公，这杭州啊，真是来不得也！”迈进灵隐寺山门，快步在前的袁宏道，嘴里突然冒出这么一句话来。

跟在他身边的方子公赶紧劝慰：“相公，为了这东南一游，您递了七次辞呈，连知县都不做了！好不容易官家恩准了，咱们来了，您怎么又说这等痴狂话！”

“呵呵，子公，你上当啦！”同行的陶石篑在翰林院任编修，在京城生活多年，自然见多识广，他一语点破了袁宏道的心事。

袁宏道驻足四望，叹了口气：“唉！这杭州啊，温风如酒，山色如娥，花光如颊，才一举头，便教人目酣神醉！真是来不得也！”

陶石篑笑着说：“中郎兄，来不得也来了。你说，灵隐寺这么大，我们先看哪座殿？”

袁宏道问方子公：“子公，你说呢？”

灵隐罗汉像

方子公身为袁宏道的门客，先看哪座殿，他哪能做主？只见他一笑："相公，我随缘，您说去哪儿，咱就去哪儿。"

"看来，你随的不是缘分的缘，是我袁中郎的袁。"袁宏道朗声大笑。陶石篑和方子公也跟着笑。

言语之间，摩肩接踵的游客进进出出，走过他们身边。抬眼望寺内，各个殿堂均是人头密集，各个殿前香炉里青烟袅袅。陶石篑咂舌称奇："这灵隐寺可真是名不虚传，不愧是杭州香火最盛的道场！中郎兄，咱们先去哪座殿？"

袁宏道说：“先去那边吧，我看那座殿外人少些。”说着，他抬起手指了指大殿西侧的罗汉堂“卍字殿”。

灵隐寺罗汉堂中，供奉着佛教的五百罗汉金身像。这五百尊大阿罗汉，虽说是佛门的高僧，却呈现了世间百态，有的笑逐颜开，有的愁眉不展，有的展卷握读，有的降龙伏虎……人间有多少表情，罗汉便有多少脸庞。

陶石篑笑着说：“既然进了卍字殿，不妨一起数罗汉。”

方子公问：“堂中一共五百尊罗汉，我们数一遍，还能多数出一尊来吗？”

袁宏道听了，忍不住笑出了声，他说：“子公，陶翰林说的数罗汉，另有一层意思。”

说到数罗汉，各地风俗略有差异。一般来说，进罗汉堂随意观瞻，任意选定一尊罗汉，从这一尊罗汉开始数，数到自己当年的年龄那一尊为止。数到的这一尊罗汉，有两种解法，一说是数者当年的运气，一说是数者的前身。

“石篑兄、子公，我们来找找自己的前身吧。”

听袁宏道说完，方子公恍然大悟。他退后一步，礼让说：“相公，您先请。”

“子公，不要这么客气，数罗汉不分先后，我们各数各的。”说罢，三个人分头在罗汉堂中绕走起来。数到自己的年龄时，记住那尊罗汉的名讳，问讯一礼。

三个人凑到一起，袁宏道问：“石篑兄，你数到的是哪一尊？”

“是无垢称尊者。”

“呵呵，世人称誉石篑兄刚直廉洁，不受滋垢，果然果然。”

方子公不等问及，主动答道：“我数到的是末田底迦尊者。”

“子公，你将苦尽甘来，好运在后头。”

方子公笑着一拱手：“是啊，相公，我能为您料理笔墨，自然福报多多。”

陶石篑问：“中郎兄，你呢？”

“莲花净尊者。”

“看取莲花净，应知不染心。中郎兄禅心如莲，恰当恰当。”说到这儿，陶石篑略一迟疑，他思忖了一下，又说，“数日前，咱们在云栖寺，莲池大师说你是东坡后身。现在一想，你和苏东坡确有几分相似，虽置身官场，又都出淤泥而不染！”

袁宏道说：“我不过小小县令，焉能与坡仙相提并论。石篑兄不要笑话我！”说着，他向陶石篑拱手作礼。

“中郎兄，何必过谦！我们三个今日有缘寻找前身，也是佛缘深厚。今生是如来弟子，前生或许便是灵山会上人！”

“这罗汉堂每日多少人进进出出，男女老少、在家出家、高低美丑，哪个不是佛缘深厚？石篑兄，若我们前生是灵山会上人，今生这么不成器，那可真是惭愧得紧啊！”

三人说说笑笑，走到大雄宝殿前，袁宏道在台阶站定，东张西望了一番。方子公小声地问：“相公，您要找什么？我来替您找。”

“我在找两句诗。”袁宏道笑着说。

方子公挠了挠头，退到一旁。陶石篑问：“哪两句？”

“楼观沧海日，门对浙江潮！”

陶石篑上前一步，和袁宏道并肩而立，也向远处张望。他摇了摇头，和袁宏道对看时，二人不约而同地问：“没看到？”旋即放声大笑。

这句“楼观沧海日，门对浙江潮”里，藏着一段传奇故事。

唐代诗人宋之问被贬外放时，途经杭州，夜宿灵隐。夜深处，月华极美，宋之问诗兴大发，吟出“鹫岭郁岧峣，龙宫锁寂寥”之后，灵感顿失，不知道往下怎么写。

看管大殿的老僧来为长明灯续添香油，他见宋之问坐在殿前，便提醒说：“夜已深，回房休息去吧。”

宋之问说：“我心有所感，想作首诗，刚写了两句，接不上了，回去也睡不着。”

老僧说：“不妨说说哪两句。”

灵隐风光

宋之问又吟哦了“鹫岭郁岧峣，龙宫锁寂寥”，老僧思索片刻说：“何不续之以‘楼观沧海日，门对浙江潮’？”

这两句诗，雄浑开阔，宋之问大为叹服！

于是，他一气呵成《灵隐寺》一诗：“鹫岭郁岧峣，龙宫锁寂寥。楼观沧海日，门对浙江潮。桂子月中落，天香云外飘。扪萝登塔远，刳木取泉遥。霜薄花更发，冰轻叶未凋。夙龄尚遐异，搜对涤烦嚣。待入天台路，看余度石桥。”

次日清早，宋之问来大殿前找那位老僧示谢，却再也没有见到他。宋之问向其他僧人打听，原来昨晚所见老僧竟是因撰文讨伐武则天而亡命天涯的诗人骆宾王。

袁宏道说：“我站在殿外，怎么望远，也望不见这‘楼观沧海日，门对浙江潮’的气象。石篑兄，你说，宋之问这诗，会不会不是在灵隐写的？”

大殿门外，也有位看殿老僧，他听后指点说：“相公，要看‘楼观沧海日，门对浙江潮’，不妨到半山处的韬光庵去。”

二、夜宿白云深处

三人出灵隐寺，向右一拐，便踏上了前往韬光庵的古蹬道。漫步在松竹影里，耳畔流泉泠泠有声。

山空林寂，古径盘折，一路上行人亦少。这般清寂处，恰是袁宏道所喜。拾级而上，他快步走在前面，偶感腿酸，便席地而坐小歇，顺便等等落在后面的二人。山高林密，阴翳生凉，一片葱绿的山坡上，散落着星星点点的杂花。

方子公替他俩背负着行囊，落在最后面。慢慢地，陶石篑一步一喘追了上来。袁宏道说：“石篑兄，你看，只这一墙之隔，便隔开了灵隐的热闹，隔出了一片难得的清净。”

“中郎兄，你真是健步如飞啊！”陶石篑说完，气喘吁吁地伸手扶住石径旁的一竿翠竹。

袁宏道爽朗地笑着说：“我像一只鸟，刚刚脱笼而出，自然飞得快活。”

“中郎兄，吴县百姓可舍不得你！在他们心中，像你这样‘升米公事’的父母官，可是难求难遇。一听说你要辞职，百姓们惊呼不止，设法款留。中郎兄在吴县行德政，才得人心如此啊！”

“石篑兄过誉了。这哪里算得上是德政？县令不是百姓的父母，百姓才是县令的父母。我不过是以己之心体人之心，没有忘记自己出身百姓而已。”

“我还听说，以往因为县府为政繁冗，等候决断者久滞县城，致使衙署前酒家生意兴盛，中郎兄知吴县后，署门外的酒家生意萧条，不得不改了行。可确有此事？”

“石篑兄笑谈了。呵呵。”袁宏道谦逊地说。

方子公气喘吁吁地追了上来，他把行囊放在石阶上。听到袁宏道、陶石篑的对话，他插话道：“石篑公，我家相公做事一心为民，署门外的酒家生意做不下去，那是自然。”

陶石篑笑着说：“你家相公喜欢吃素，我也知道。”

袁宏道轻轻摇了摇头：“石篑兄，我看自己做县令时，真是备极丑态，不可名状。遇领导则奴，候过客则

韬光寺

妓，治钱谷则成了仓老人，为百姓办事时又成了保山婆。一日之间，百暖百寒，乍阴乍阳，人间恶趣，我是一身尝尽矣。苦哉，苦哉！”

“要说做一方的好知县，真不是件容易事。别说百姓不理解你，听说贵府堂上的士瑜公也颇为不满，说世上哪有二十八岁就退休的？”

“唉！男儿生世间，行乐苦不早。如何囚一官，万里枯怀抱。知我者谓我心忧，不知我者谓我何求？悠悠苍天，此何人哉？石篑兄，你是知我者也，这大好湖山可不能辜负，我们往上走吧！”

又是一路攀登，树木葱郁，石径曲折盘升，袁宏道与陶石篑来到韬光庵时，已是汗流浃背。望海亭下，二人迎风而立，心旷神怡。

“只有置身峰顶，放眼望去，才能体会登高之乐。”袁宏道说着，抬手指向远处。云山环绕，西湖盛景、钱江雄姿，此刻尽收眼底。

陶石篑手搭凉棚，边看边说：“置身凌绝顶，一览众山小。真正难得！”

袁宏道感慨地说：“不来此间，哪里能得这眼福，真是不虚此行。站在这里看，才知道宋之问诗中‘沧海’‘浙江’‘扪萝’‘刳木’数语，字字入画！”

观海亭前有副对联：“江湖俯看杯中泻；钟磬声从地底闻。”陶石篑读了，赞叹说：“杭州湖山的大气，从这十四字，一望便知！”

这时，方子公背负行囊来到望海亭下。

韬光胜境，依崖而建，峭壁如削，泉出石罅，汇聚为池，池中金鱼数条正自在游弋。殿堂外，还有一瓯亭、金莲池及茶室。茶室是一敞厅，匾额题曰“白云深处”。茶室低窗曲槛，于此对坐啜茗，可饱览西湖全景。

袁宏道说：“由高视下，西湖止一杯之水耳，歌舫渔舟如飞凫浮芥。”

陶石篑说：“中郎兄总是高处着眼，取最上乘。有人说，茶禅一味。眼前这杯茶里，可有佛法西来意？”

“哪个没有？石篑兄，大好时光，且看湖山。”

“可我看这湖山，品这佳茗，没有会到西来意啊！”

“你看山，要知道看山虽好，不能被白云瞒了；你品茗，也要知道品茗虽好，不要被舌头瞒了。随处做主，时时觉照，便是佛法西来意。”

“唉！你说得明白，我却听得糊涂。这禅，可真是难参悟啊！”

“呵呵，世上岂有参得明白的禅？”

“那要怎么参？”

“参禅人须将从前所知所能的道理及所偏重习气、所偏执工夫，一一抛弃，略上心来，即与斩绝，如遇仇人相似。”

陶石篑一听，不禁咂舌，他又问：“那读经呢？”

“读经能启发人的智慧，但只读经还不是修行。打个比方说，就像不识银子的人，积攒了许多锡锭子，封在匣中，算计着要拿去买田置地，等到成交开封时，方知是锡，全然无用！就像宋代大慧宗杲禅师说的，士大夫悟得容易，不肯修行，久久为魔所摄。”

“相公，您悟得好深啊！”方子公在一旁赞叹道。

袁宏道说：“哪里哪里。我还差得远呢！以为禅也，戒行不足；以为儒也，口不能道尧舜周孔之学，身不能行羞恶辞让之事。唉，于业不擅一能，于世不堪一务，我是这天下最不紧要的人。”

陶石篑说：“若非中郎兄说得透彻，我对佛法的理解，跟世人一样，无非是‘有求必应’，以为只要信得虔诚、拜得庄严，便能得到佛菩萨的帮助，脱离忧患、祛病消灾、延年益寿乃至子孙满堂、福禄成就。”

袁宏道叹了口气：“石篑兄，前日在云栖，听莲池大师讲，他最痛的便是‘佛门如市，寺僧如侩’！若僧众忽略修持之功，寺院便成香火道场，道行深的僧人只好隐居深山，戒行不严者却为争香火而相殴。佛门若无庄严，反为世人讥笑。”

正说着，初夏的风吹过窗，那分清凉，让袁宏道打了个寒战。他对方子公说：“子公，你找寺僧帮我借件衲衣来。”

方子公放下茶盏站起身。

袁宏道问：“石篑兄，我们今晚就在这白云深处住一夜吧，以便明日清晨，观沧海日出、浙江潮涌，兄意如何？”

陶石篑说“好”。袁宏道对方子公说：“子公，借衣时，也请顺便把借宿一事和寺僧接洽好吧。”

三、唐长庆四年的“饭局”

夜宿山寺，一枕涛声。

次日，天蒙蒙亮，袁宏道便起床，披衣来到望海亭下。目光的尽头仿佛是海，洪波涌起，更远处与天相接。日出之前，远潮如雪；日出之时，浪花映着日光，真如白居易《忆江南》中所说“红胜火”也。

早斋时，三人随僧人过堂。斋后，方子公先替袁宏道送还了昨日所借的衲衣，回来整理行囊时，问：“相公，这寺名叫韬光庵，是提醒僧人要韬光养晦吗？”

袁宏道听后，扑哧一声笑了：“不是。寺名韬光，是纪念寺院的开创者韬光禅师。”

韬光禅师，是四川人。唐穆宗长庆年间，韬光禅师辞别恩师出蜀云游时，师父对他说：“遇天可前，逢巢则止。”

长庆二年（822）七月，韬光禅师来到杭州灵隐山巢构坞时，白居易任杭州刺史。白居易，字乐天。韬光禅师猛然想起师父的话，于是就在群山环抱、树木葱茏、花香馥郁、流水叮咚的巢构坞，结茅而居。

白居易信佛，韬光禅师工诗，二人相识之后，成为挚友。白居易来韬光庵时，韬光禅师必以“烹茗井”的泉水煎茶以奉。有时，白居易来访，韬光禅师不在，他就自己动手，汲泉烹茶，过足“茶瘾”方才回城。

“白居易的茶诗，像‘坐酌泠泠水，看煎瑟瑟尘。无由持一碗，寄与爱茶人’，像‘游罢睡一觉，觉来茶一瓯。……从心至百骸，无一不自由’，像‘移榻树阴下，竟日何所为。或饮一瓯茗，或吟两句诗’，或许都与这韬光庵有关呢。”

杭州因是海潮退落后留下的斥卤之地，地下水苦咸不堪，人们吃水一直是个问题。白居易到杭州后，修筑西湖白堤，以利蓄水灌溉；清淤前刺史李泌开凿的六井，以便汲饮，彻底解决了民众的用水难题。

长庆四年（824）仲春时节的一天，深受杭州百姓爱戴的白居易隆重准备家宴，宴请韬光禅师。

为准备这个“饭局”，白刺史可是用了心，先是作诗一首《招韬光禅师》：“白屋炊香饭，荤膻不入家。滤泉澄葛粉，洗手摘藤花。青芥除黄叶，红姜带紫芽。命师相伴食，斋罢一瓯茶。”

身为杭州地方最高长官，白居易招待韬光禅师，煞费一番苦心。名胜场所浮华喧嚣，一般酒肆草率俗气，设斋白屋，请禅师应供，更见交情。先是滤泉、洗手，敬意十分；再看食单，白葛粉、紫藤花、青芥、红姜，色香味俱全。

一大早，白居易差仆从将自己亲笔写好的诗柬给韬光禅师送来。一上午，他到官衙后院的厨房跑了数趟，督促厨师精心准备，所有锅碗瓢盆，也用热水一一烫过。

袁宏道说："这封诗柬中，'命师'二字，能看出白居易与韬光禅师堪称知己，他俩在一起能彼此开玩笑。"

陶石篑说："这句'斋罢一瓯茶'，也见风雅。"

"白太守的这份情谊可不一般！韬光禅师读到这首诗，应请前去，定也十分感动。"方子公说。

袁宏道一笑，他不紧不慢接着往下说。

未及中午，仆从便回去禀报：韬光禅师不来。白居易略有不悦。仆从奉上禅师的回函。白居易打开信函一看，也是一首诗。

诗为《谢白乐天招》："山僧野性好林泉，每向岩阿倚石眠。不解栽松陪玉勒，惟能引水种金莲。白云乍可来青嶂，明月难教下碧天。城市不能飞锡去，恐妨莺啭翠楼前。"

盛情似枷锁，刻意多枉然。佛家五蕴皆空，禅师当然不会为一个"饭局"动心。但他又要照顾白刺史的面子，他以诗表明，自己是山僧，性好林泉之乐，不入闹市；同时，他又和白居易开了个玩笑：您身边常有漂亮的侍妾"樊素""小蛮"陪伴，我身为僧人，要回避女色。

白居易读罢诗，哈哈大笑，方才的不悦随即抛至脑后。他兴致勃勃地让仆从把做好的菜肴放入食盒，他要上山来找韬光禅师。

韬光禅师说："刺史邀我赴宴，这番美意我心领了。

这几年来，白公政绩卓著，有口皆碑，原不用我们出家人品评。只是山僧不解，今日您何苦大费周折，非得跑到这僻远荒山来呢？”

白居易说：“禅师是明月，明月难下青天；我是白云，白云可来青嶂。更何况禅师这里，‘惟能引水种金莲’！我的饭，你可以不吃；你的茶，我不能不喝。既来之，则安之，请禅师先用斋。‘斋罢一瓯茶’，禅师不得相拒啊！”

袁宏道刚说到这里，房间里爆出笑声。认真倾听的陶石篑、方子公乐不可支。

陶石篑说：“原来这韬光庵的烹茗井是白乐天汲水煮茶之处。中郎兄，你这么一说，我感觉昨天的茶算是白喝了。今天，咱们要品品烹茗井水煎的茶味再下山。”

“石篑公，这个主意不错！”方子公赞许地说。

四、蓬莱不是我归处

三人出得僧房，去看烹茗井时，先看了丹崖洞。韬光庵虽为佛寺，丹崖洞内却供奉着道家真人吕洞宾。

方子公困惑不解：“相公，这是什么因缘？”

袁宏道说：“吕洞宾和佛教有很深的因缘。”

据《五灯会元》记载，当年吕洞宾四处云游时，途经黄龙山，碰上黄龙禅师讲法，他便坐下来，在大众中听法。禅师见吕洞宾是道人装束，大声喝道：“座下窃法者何人？”

吕洞宾站起来，问：“一粒粟中藏世界，半升铛内煮山川。且道此意如何？”

黄龙禅师说：“这守尸鬼，饶经八万劫，终是落空亡。”

吕洞宾一听很生气，拔出剑来，冲上前去，对黄龙禅师作势一斩。

黄龙禅师不为所动，吕洞宾弃剑于地，上前礼拜求教。

禅师说：“‘半升铛内煮山川’即不问，如何是‘一粒粟中藏世界’？”

吕洞宾一听，恍然大悟，当下作了一首诗偈：“弃却瓢囊撼碎琴，如今不恋水中金。自从一见黄龙后，始觉从前错用心。”

方子公听了连连点头，他说：“我记得，这吕祖还有一首诗：‘一日清闲自在仙，六神和合报平安。丹田有宝休寻道，对境无心莫问禅。’”

陶石篑问道：“中郎兄，听说你学禅之前，也曾专心修道？”

袁宏道学禅，源于他的兄长袁宗道。

袁宗道年轻时曾身患重病，近乎不治，一家人为此焦急。这时，有位道长找上门来，教袁宗道数息静坐之法。袁宗道试着做了几天，效果十分明显，于是放下书卷，专心静坐，每日眼观鼻，鼻观口，口观心，不期旬月而愈。于是，他慨叹：“神仙可坐得也。”

受兄长的影响，袁宏道和弟弟袁中道都练习过数息静坐之法，但他更倾心佛教禅宗。

陶石篑问："对于佛家道家，既然数息静坐是通法，为何还有佛道之别？"

"这就像黄龙禅师答吕洞宾的。道家讲长生，修行者会枯守身体，以求长存，所以被称作守尸鬼。佛家讲六道轮回，像苏东坡说的'常恨此身非我有，何时忘却营营'，修行以出离轮回为目的。"

边说边走，三人来到烹茗井畔。方子公找寺僧取了水，提到茶室煮茗。

陶石篑说："中郎兄，我们在此品味名泉佳茗，此行才算圆满。"

方子公在室外侍弄着茶炉，一边点火扇风，一边说："相公，听您说佛道之别，我想到在《逸史》中读到的，白居易不也是道家蓬莱仙山中的人物吗？唐朝会昌年间，有商人遭遇海风，被吹到海上仙山蓬莱岛，在那里的殿堂中，见到一处为白居易预留的白乐天院。您可知此事？"

袁宏道呵呵一笑："此事，我有所耳闻。《白氏长庆集》中也有记载。"

他停顿了一下，随口吟哦："'近有人从海上回，海山深处见楼台。中有仙龛虚一室，多传此待乐天来。'白居易读到这首《客有说》之后，写了一首《答客说》：'吾学空门非学仙，恐君此说是虚传。海山不是吾归处，归即应归兜率天。'"

陶石篑点头称许：“白乐天不把蓬莱仙山作为归处，中郎兄，你对此如何看？”

“莲池大师说我是东坡后身，我之所以说愧不敢领，是因为我喜欢白乐天更多一些。白乐天从青年起，便礼佛、敬僧、读经、参禅，到了晚年，更是‘除却青衫在，其余便是僧’。”

陶石篑问：“白居易是在这里受韬光禅师启悟的吗？”

袁宏道说：“也不能这样说。香山居士素与佛门高僧多有交往。白居易虽跟众多禅师学禅，晚年却一心念佛，求生净土。”

“中郎兄，你觉得，参禅和念佛，哪个更容易些？”

“难易之事，在人，不在法。”

方子公煮好了茶，端上茶桌，三人举盏小啜。

袁宏道饮完一盏，放下茶盏便说：“好香！果然好茶离不开好水！这烹茗井名不虚传。怪不得白居易一来这里，不过足茶瘾舍不得走！”

陶石篑说：“中郎兄，白居易一生交往禅僧，晚年却虔心念佛，这实在有趣。”

“学禅是净心开悟之事，念佛是稳实修行的功夫。要出离轮回，总得有个去处，所以佛门提倡禅净双修。白居易早年参禅，他年过七十之后，却说：‘看经费眼力，作福畏奔波。何以度心眼，一声阿弥陀。行也阿弥陀，坐也阿弥陀。’”

“中郎兄，你也既参禅，又念佛？”

“这是自然。我兄长宗道讲，念佛一门，于在家学佛的居士尤为吃紧，业力虽重，仰借佛力，可免于沉沦。”

“那请中郎兄也教我念佛。”说着，陶石篑站起身来，朝袁宏道合十作礼。

袁宏道起身回礼，二人重又坐下。方子公趁这个间隙，拎着茶壶过来续茶。

“石篑兄，早年我留意禅宗，见识了丛林中的狂禅之流。有人偏重悟理，尽废修持，不够稳实；有人专逞聪明，惟寻见解，目无尊宿；有人轻慢狂傲，贡高我慢，口不择言，身不择行；有人日间挨得两餐饥，夜间打得一回坐，便自高心肆臆。唉，看清了狂禅之弊，我就发愿要写一本《西方合论》，让修禅宗者以净土为归宿，修净土者知法本唯心即禅，合而论之。须知：若人专念阿弥陀，是名无上深妙禅。”

陶石篑听了，双手合十胸前：“期待早日读到中郎兄这部大作！”

又喝了几盏茶，三人起身与寺僧话别。

袁宏道对方子公说：“子公，我和石篑兄要上北高峰顶看看。你背着行囊，就不要跟随了，你先下山，在山脚下的永福寺等我们吧。”

方子公听了，笑脸如花，他向袁宏道躬身一礼：“谢谢相公。您可是看到我心底去了。上山之时，路过永福寺，我就想，那里是‘钱塘第一福地’，肯定值得好好看看。”

参考文献

1.〔明〕袁宏道著，钱伯城笺校：《袁宏道集校笺》，上海古籍出版社，1981 年。

2. 赖永海主编：《中国佛教通史（第十二卷）》，江苏人民出版社，2010 年。

3. 潘桂明：《中国居士佛教史》，中国社会科学出版社，2000 年。

4. 周群：《袁宏道评传》，南京大学出版社，1999 年。

5. 李鸣：《袁宏道综论》，博士学位论文，北京师范大学，2005 年。

6. 阿英编，晗实、玉铮标点：《晚明二十家小品》，河北人民出版社，1989 年。

第六章

上天竺：灵感观世音

【上天竺】

上天竺，又名法喜讲寺，位于杭州灵隐景区天竺路。五代时后汉天福十二年（947）由吴越王钱弘俶创建，高僧道翊开山住持。盛于宋明，著称于清。清康熙帝和乾隆帝崇信佛教，每次南巡到杭州，必到上天竺。康熙帝六巡江南，五次到杭州，五次到上天竺，乾隆帝六下江南，六次到杭州，十次到上天竺。

上天竺供奉的观音以灵验著称，宋代文学家苏轼任杭州通判时，在寺中祈雨、祈晴，皆获灵验。

本章以上天竺为背景，描述了一代文豪苏轼与上天竺住持、高僧辩才元净的交往故事。

南北一山门，上下两天竺。中有老法师，瘦长如鹳鹄。
不知修何行，碧眼照山谷。见之自清凉，洗尽烦恼毒。
坐令一都会，男女礼白足。我有长头儿，角颊峙犀玉。
四岁不知行，抱负烦背腹。师来为摩顶，起走趁奔鹿。
乃知戒律中，妙用谢羁束。何必言法华，佯狂啖鱼肉。

——〔宋〕苏轼《赠上天竺辩才师》

一、何处真净土

上天竺山门两侧，站立着两尊护法金刚像，体格高大，威武雄健，臂膊粗壮，肌肉隆起，上身赤裸，腰围护裙，双眼圆瞪，气势逼人。

苏轼驻足看了许久，问道潜禅师：“这两尊金刚一动一静，一尊闭嘴下视，一尊张口振臂，哪个更厉害？”

“当然是拳头大的！”

苏轼一听，爆出笑声。笑声旋又戛然而止，随后一声长叹。他若有所思，问道：“禅师，您为何说拳头大的厉害，不说道行深的厉害呢？”

道潜说：“道行深的，只有一味慈悲啊！”

苏轼点了点头：“禅师下一转语，令人茅塞顿开。来到这上天竺门前，我想到了辩才禅师，可惜他现在不在这里啦！”

道潜安静地看着苏轼，听他往下说：“我也是后来才知道，我身陷乌台，竟然还连累到这位远隔千里的方外好友。听说有僧人报官，诬陷禅师与我交好，讥议时政，反对变法。禅师受人排挤，因而不得不离开了上天竺。”

道潜一笑：“说不得不也不对。以辩才禅师的修为，在上天竺也好，去龙井也好，不过是有缘即住，无缘即去。”

“唉，我以为佛门是净土，没想到这佛门中人……”

道潜适时插语道：“佛门中人也生活在人间啊！人身的贪嗔痴慢疑五毒，在家人会染着，出家人也会染着。释迦佛在《阿弥陀经》中讲得多么清楚，我们生活的这个世界，是五浊恶世，充满缺憾，没有完美，需要忍耐，所以才叫娑婆世界。”

“只是……我觉得出家修行的人修菩萨行，不应该落井下石！”

“唉，若人人是菩萨，人间便是净土，何须求生西方？我佛如来又何必说法四十九年，苦口婆心地教化众生？说到出家修行，有人勤修戒定慧，息灭贪嗔痴，上求佛道，下化众生；也有人断不掉世间名利的执着，寄身佛门，借衣谋食，形似菩萨，心同凡夫。人世间龙蛇混杂，佛门一样凡圣同居啊！”

苏轼顿了顿：“禅师说得透彻。这句龙蛇混杂，凡圣同居，让我想到在杭州做通判时处理过的一桩僧案。”

灵隐寺有位僧人了然，虽示现僧相，却不伴青灯古佛、不倾心佛法，而是流连勾栏青楼的常客，还恋上了一位名叫秀奴的年轻妓女。

秀奴在风月场中谋生，见恩客上门，她自然笑脸相迎，柔情蜜意。了然产生错觉，以为秀奴对自己是真心。为照顾秀奴的生意，了然屡屡盗取寺里的香火之资。事情败露后，了然被逐出山门。

了然没有了钱财，秀奴自然不再逢场作戏与他卿卿我我，甚至拒绝见他。了然却始终忘不了秀奴。

一天夜里，了然酒醉后又去找秀奴，依然吃了闭门羹。了然恼羞成怒，破门而入。秀奴不从，了然竟然失手将她殴打致死，酿成人命官司。

在杭州做通判的苏轼负责审理此案，了然对自己所犯的罪行供认不讳。杀人偿命，苏轼当即判定问斩。

写判词时，苏轼见到了然胳膊上有刺青。他让衙役把了然推到近前，低头一看，竟是两句诗："但愿同生极乐国，免教今世苦相思。"

没想到这了然是个情种！苏轼摇着头叹了口气，调寄《踏莎行》，写了判词："这个秃奴，修行忒煞，云山顶上空持戒。一从迷恋玉楼人，鹑衣百结浑无奈。　毒手伤人，花容粉碎，空空色色今何在？臂间刺道相思苦，这回还了相思债。"

"禅师，像了然这样的，还想往生西方，他去得了吗？"

"那是他的妄想。净土世界，尚无恶道之名，何况有实？佛说，要往生西方净土，须五戒十善。"

苏轼说："这些寄身佛门、借衣谋食者，实在可恨！禅师，佛门净地，应该维持庄严，岂容藏污纳垢？何不

天竺山

拣择僧尼，淘汰掉佛门败类？”

道潜说：“辩才禅师行化东南，名震吴越，他所住持的寺院，从来都是严设纪律，僧众对辩才禅师敬畏有加，道风也为之一新。这不就是维护佛门净地的庄严吗？但要主动拣择僧尼，也有不妥之处。”

苏轼认真地听着。

“世间尚知：每个圣人都有过去，每个罪人都有将来。佛门则说，善人行善尚可得度，更何况做过恶事的恶人要行善呢？所以依佛门戒律，若僧人犯小小戒，不触及王法，当向僧团忏悔。诚心忏悔，如同清水，可洗尘垢。”

“哦。禅师，像了然那样的呢？”

“像了然那样的，在身犯王法的那一刻，已破僧戒，依戒律说，是断头者；他虽身披僧衣，实是俗人，当由国王大臣依世间法律来处置。”

苏轼抬头望着上天竺的山门：“这上天竺能有今日的气象，实是辩才禅师之功！他任住持之后，凿山筑室，增广殿宇，上天竺成为杭州佛寺中的大丛林，前来求学的僧众数倍于前，名流雅士纷纷慕名前来。神宗皇帝闻其德行，特赐紫衣袈裟，钦赐法号辩才，也为上天竺赐名灵感观音院。”

“是啊，在杭城缁俗中，这可轰动一时。可即便如此，业风吹来时，辩才禅师也要风行草偃。”

“唉，禅师，一想到这儿，让人不免有些泄气。像辩才禅师这样的僧宝，佛门竟自不爱惜。您说，这人间还有哪里是真净土？”

道潜笑着说：“要寻真净土，莫向心外觅。《维摩经》中讲，心净则佛土净。人间虽是五浊恶世，但也有殊胜之处。《阿含经》说，诸佛出人间，无苦不成道。世事苦空无常，也能发人深省，增益道心，进而离苦得乐。肯于吃苦了苦，无论僧俗，皆可有所成就。”

“吃苦了苦，无苦不成道。”苏轼认真咂摸着这句话。

道潜说：“你方才说到乌台诗案，我听人说，起因也跟这上天竺有关呢。”

苏轼感觉惊诧，他“哦”了一声，抬起头来看着禅师。

二、灵感观世音

神宗皇帝即位后，主张新政，苏轼是支持的，但他不赞成王安石狂风暴雨式的变法。因为前朝的问题是“立法之弊，任人之失”，并不需要变革制度。新法推行后，不但未能便民，还加重了民众的负担，苏轼即上书反对。

对变法派来说，苏轼成为眼皮子底下的捣乱分子。神宗皇帝信任王安石，他见苏轼不能为变法所用，又自求外放，当即恩准。

苏轼以开封府推官调任杭州通判，暂时避开了汴京政争的旋涡。杭州的湖光山色，也让他纠结的心舒展了许多。

到杭州任上，苏轼经常深入民间，体察民情。他看到新法实施不当，百姓怨声载道。忧君忧民的他，便以诗记事。如《雨中游天竺灵感观音院》一诗：“蚕欲老，麦半黄，山前山后雨浪浪！农夫辍耒女废筐，白衣仙人在高堂！”

蚕老麦黄之时，是一年之中农事最忙的时候。蚕将结茧，需要大量采桑；麦子半黄，也要准备收割。但这两项农活，要天晴才能做。然而，最需要晴天时，杭州却连日降雨，“山前山后雨浪浪”。农夫无法收麦子，只得“辍耒”；农妇无法采桑叶，只得“废筐”。眼看丰收在即，却毁于一场大雨！白衣仙人观音菩萨虽说为民众救苦救难，此时她却端坐在高堂之上，面对这一切，无动于衷。

当时，朝廷派官员到各地察访新法执行的效果，苏轼昔日的同僚沈括来到杭州。苏轼哪里能想到，这位旧交竟成为“乌台诗案”的始作俑者。

沈括和苏轼一见面，便嘘寒问暖，畅叙旧谊。沈括问：“三日不读子瞻诗，便觉面目可憎，言语无味。兄台近来有什么佳作，拿出来让兄弟一饱眼福啊！”

苏轼乐颠颠地捧出在杭的诗作。他哪里想到，沈括不但誊抄了这些诗作，还逐条进行批注，附在察访报告里，上交给了皇帝，密告他“词皆讪怼”。

王安石推行新法“青苗法”，因实施不当，强行摊派，百姓一旦不能丰收，便难以还清官府贷款，要遭受牢狱之灾。对主张变法者来看，苏轼这首小诗，看似在指责观音菩萨，实则讽刺居于庙堂之上的官员不知百姓疾苦！

此刻，听道潜禅师说出此中的因缘，苏轼一时悚然。

想到身在乌台、生死未卜的那段牢狱煎熬，他依然心有余悸，于是小声问道：“禅师，难道乌台诗案之事，竟是我诗中指责菩萨所致？”

“佛菩萨当然不会怪罪于你！唉，不过这世间人心，常于平地起波澜！尤其笔墨之事不可不慎，小处也不可随便。否则，别人又怎借你的笔墨做出文章？”

苏轼点头称是。他沉默了一会儿，双手抱拳，低首一礼：“子曰：益者三友，友直，友谅，友多闻。禅师虽置身世外，却是我的益友。今日既然来到了这灵感观音院，我要向菩萨好好谢罪。”

道潜禅师一笑：“大学士平日有酒学仙，无酒学佛，难得有这般虔敬！”

苏轼说："因这菩萨广大灵感。"

说到这上天竺观音菩萨的广大灵感，苏轼可是深有体会。

在通判任上时，因杭州连月降雨，苏轼奉知州令，来上天竺请辩才禅师主持祈晴法会，祈请观音菩萨加持，赶紧停雨。

虽说在来上天竺的路上，苏轼哀民生之多艰，写了那首《雨中游天竺灵感观音院》，但这并没有妨碍观音菩萨的大慈大悲。

辩才禅师主持了祈晴法会。法会进行到最后，殿中的僧众一齐敛声。只见辩才禅师稳步向前，站在观音殿中央，在菩萨圣像前长跪焚香，顶礼三拜。

禅师从侍者手中接过苏轼亲笔拟就的《祷观音祈晴祝文》，虔敬地向菩萨申陈众愿："……今者淫雨弥月，秋成半空。永惟嗣岁之忧，将有流离之惧。我大菩萨，行平等慈。睹此众生，皆同赤子。反雨旸于指顾，化丰歉于斯须……愿兴慈率，一拯含生。"

"要说起来，佛法真是不可思议！法会结束，次日淫雨顿止，天光放晴。"说起这段往事，苏轼面露欣然之色。

苏轼对辩才禅师的道行，从此更是敬佩。半个月后，他又遵禅师之嘱，虔敬地写了一则《谢观音晴祝文》，"天作淫雨，当有感于佛慈"，感恩菩萨"慧光照临，阴沴消复。拯农工于沟壑，宽吏责于简书"。

"上天竺的观音菩萨真是大慈大悲，不仅能止雨，还能求雨呢。”苏轼饶有兴趣地说道。

那年秋天，又遇大旱，知州要苏轼张罗着求雨，苏轼便带着县令周邠、徐畴再次来上天竺请辩才禅师主持祈雨法会。夜宿山寺，苏轼望着窗外的耿耿星河，在床上辗转反侧，“惟有悯农心尚在，起占云汉更茫然”。

写祈雨祝文时，苏轼写道：“逾旬不雨，农有忧色。挽舟浚河，公私告病。吏既无术，莫知所救。不敢坐视，惟神之求。庶几闵民之穷，赦吏之渎。赐以一雨，敢忘其报。”

苏轼担心有人触怒了神明，因此老天不肯降雨。他劝神明不要将渎神之罪归结到万民之身，如有惩罚，他愿一人承担。

同在此时，有“宋朝第一忠谏”之称的大臣郑侠在汴京上书神宗，说“大旱是天怒人怨，只要肯停止变法，十日之内必会下雨；如若没雨，我以人头抵欺君之罪”。神宗无奈，诏命暂停青苗法、募役法等八项新法。

三日之后，举国大雨。

神宗站在御花园亭下，瞠目结舌；王安石站在皇宫门外，呆若木鸡。苏轼在杭州官署中仰面朝天，泪流满面。

步入山门，在通往观音殿的路上，苏轼说完这些往事，又请教道潜禅师：“菩萨何以如此灵验？”

“诸佛菩萨与众生同心。人求佛时，心中无私，便是大慈大悲。你为众生祈晴求雨出于至诚，辩才禅师代众生与菩萨沟通同样出于至诚，其诚可感，感应道交，所以大有灵验。”

苏轼说：“我觉得，不光是菩萨灵感，也是辩才禅师修为了得。不仅祈晴得晴、祈雨得雨，他还帮我解决了一桩心头困扰的大事呢！”

三、辩才禅师

苏轼次子苏迨，熙宁三年（1070）生于京都汴梁，打小体弱多病。苏轼来杭州做通判，一路上，年幼的苏迨尚需人抱在怀中。来杭州生活了三年，苏迨四岁了，还站不起来，出入得让人抱着或背着，在家里则满地爬。虽多方求医，疗效却不明显。这件事，困扰在苏轼心头，

途经天竺

成为他一大心病。

辩才禅师知道后，对苏轼说：“病有两种：一种缘于四大不调，是身体中的地水火风失衡导致的疾病；一种缘于先世罪业，是前世的业障导致的疾病。世间高明的医生或许能治好四大不调的病，但对先世罪业的病却无能为力。佛是大医王，何妨带贵公子来上天竺一试？”

苏轼回到府中，和夫人王闰之谈起这件事，并说自己对此半信半疑。夫人却深信不疑，欢喜地在家中供奉的菩萨像前上了一炷香。

辩才禅师让苏轼把苏迨抱进观音殿。在殿外还闹闹腾腾的苏迨，一进殿门，立刻安静下来。在观音圣像前，苏轼抱着苏迨跪在蒲团上，辩才禅师亲执剃刀，给苏迨剃了个锃亮的小光头。整个过程中，苏迨安静地躺在父亲怀里，不哭不闹。

剃度之后，辩才禅师给了苏迨一套寺中小沙弥穿的僧服，赐给他一个法名：竺僧。侍者递来一纸消灾延寿的牌位，禅师在牌位上写了“竺僧”二字。禅师对苏轼说：“请贵公子做上天竺的寄名弟子，给我当徒弟如何？”

苏轼低头问苏迨。苏迨不置可否，怯怯地说：“我想妈妈。”

禅师一笑：“再等一会儿，等法事结束，你就可以回家见妈妈啦！”说完，辩才禅师在观音圣像前拈香礼拜，他口中念诵真言，为苏迨摩顶祝福。

法事结束，辩才禅师对赖在苏轼怀中的苏迨说：“竺僧徒儿，别让你爹爹抱着啦，下来吧。”苏迨闻言，从父亲怀中挣脱下来。

更令苏轼想不到的是，苏迨站在他眼前，蹒跚地走向菩萨像，趴在蒲团上拜了下去。

苏轼看得目瞪口呆！辩才禅师请他去丈室品茶，他竟然没有听到。

发现自己能走路的苏迨，更是满脸的欢喜。试走了一会儿之后，他不再满足于蹒跚而行，而是像一只小鹿跑来跑去。

道潜禅师呵呵一笑："贵公子这事，在杭州城一时传为美谈，我也有所耳闻。不过，今日听你亲口讲述，更觉不可思议！"

"对！恰如禅师所言：不可思议！"

"真是有佛法就有办法！我还听说，秀州嘉兴县令陶录有个儿子得了魅疾，四处求医，都不能治，这辩才禅师为之颂咒，很快就痊愈了。越州诸暨陈氏女子得心疾，漫不知人，她的父母带她来上天竺，辩才禅师警以微言，这女子便醒然而悟。"

"禅师，我一时想不明白，为什么辩才禅师摩顶会有那么大的力量？"

道潜禅师思忖了一下："惭愧，其中的道理，我不清楚，但知道，辩才禅师通过摩顶赐福，为不少人消除了灾障。要说摩顶治病这件事，在佛经中是有记载的，如《妙法莲华经》中所讲：'尔时释迦牟尼佛从法座起，现大神力，以右手摩无量菩萨摩诃萨顶，而作是言：我于无量百千万亿阿僧祇劫，修习是难得阿耨多罗三藐三菩提法，今以付嘱汝等。’后来僧尼收徒，以手摩顶，即本于此。”

“禅师，您可不可以摩顶为众生赐福？”

道潜禅师摇了摇头：“惭愧惭愧，老衲目前还没有这般修为。”

“我在京都汴梁时，听说汴京景德寺的僧人法华，以诵《法华经》为功课，也有神异，见人一面，便能言说吉凶。但他佯狂混俗，吃肉喝酒。他去世后的肉身完整地保留了下来，被供奉在汴京七俱胝院，至今还有很多人去拜。以前，我喜欢去交往像法华那样的僧人，认识辩才禅师之后，像他、像您，遵守戒律、修行严谨的僧人，更是令我钦服。”

道潜禅师低眉说：“惭愧惭愧。”

“不说辩才禅师的法力，单说见到他这个人，就感觉非同寻常。我初次见他，心中便生起了恭敬之心。他身材修长，瘦骨嶙峋，目光如炬，炯炯有神，静渊深邃，令人去绝妄念，烦恼自消。”

“大学士，那您是什么时候认识辩才禅师的？”

十数年前，苏轼来到杭州任通判不久，即慕名来上天竺拜访辩才禅师。

苏轼清晰记得，那天他来上天竺，天寒欲雪。非常不凑巧，乘兴而来，却是寻隐者未遇。寺僧告诉他，辩才禅师应请到其他寺院讲经去了。苏轼在客堂品茶，一直等到天色向晚，辩才禅师依然没有回寺。

苏轼怏怏欲归时，没想到琼花满天，空中飘扬起清丽的雪。他一时兴起，请寺僧拿来笔墨纸砚，挥笔留诗一首：“不辞清晓叩松扉，却值支公久不归。山鸟不鸣天欲雪，卷帘惟见白云飞。”

过了几日，苏轼又来上天竺。这次，他见到了久闻大名的辩才禅师。二人一见如故，言谈相契，从此时常相约，漫步山林，赏雪品茗，议论时事，和诗题壁。

那天，辩才禅师引领苏轼把上天竺漫转了一遍。在山门前，苏轼看到山门匾额“灵感观音院”五个大字写得端严有味，再仔细看，是前任知州、著名书家蔡襄所题。

苏轼刚要张口问这块匾的来由，辩才禅师对他说：“说院中观音广大灵感，可不是故弄玄虚。”

听辩才禅师介绍，苏轼才知道，这鼎鼎大名的上天竺，只有一百多年的历史。

寺院始建于五代后晋天福四年（939），最初只是白云峰下的一座茅棚，开山祖师道翊法师住山修行。一天晚上，道翊法师禅坐经行时，见山中有棵树闪闪发光，他寻光而往，在树干上刻下记号。次日，法师请人砍下这棵树，托杭城最好的匠人雕造了一尊观音像。

这尊木雕观音妙相庄严，经常夜放白光，周围百姓对她十分崇敬。

天福十二年（947），第一代吴越王钱镠的孙子钱弘俶即位后，梦中来到白云峰下，在茅棚中见到一位白衣仙人。白衣仙人向他讨住处。钱弘俶醒来后，对此梦念念难忘，寻梦而来，见到这尊观音时，顿有所悟，于是出资建了这座“观音看经院”。

听辩才禅师讲这些旧事时，苏轼根本没有想到，这眼前的灵感观音院、辩才禅师，会和苏迨扯上关系。

此刻，站在观音殿前，回味这些往事，仿佛就发生在昨天。

四、禅门茶更香

和辩才禅师熟悉之后，苏轼天真顽皮的本性显露出来。有一天，他想勘验一下禅师的修为，于是问：“听说佛门戒律精严，请问禅师，戒有几件，律有几条？”

辩才禅师说：“戒心一件，戒律一条，何来几件几条？”

“活活一个心，受此戒律，不是近乎死吗？”

“明白了向死而生的道理，方可超凡入圣。”

禅师的话语，看似平常，却耐人寻味。像这“向死而生”四字，让苏轼深有所悟。他醒悟到，只有预设个死期，把每一天都当作最后一天来过，人生才能活出意义；否则一旦无常到来，人就像从来不曾活过一样。

辩才禅师的丈室几案上，放着一卷《观音经》。苏轼拿起来翻阅时，读到“咒诅诸毒药，所欲害身者，念彼观音力，还着于本人”，不禁摇了摇头：“禅师，观音菩萨是大慈大悲的，如果有人遭遇咒诅，怎么可以念彼观音力，还着于本人呢？”

禅师问他：“那该如何？”

苏轼笑着说：“我看，不如改成‘咒诅诸毒药，所欲害身者，念彼观音力，两家总没事’。”

苏轼说完，自得地看着辩才禅师。

禅师平静地说：“大学士应该知道，因果是佛法的核心。什么是因果呢？就是你给予这个世界的，也将是这个世界要回报你的。大慈大悲的诸佛菩萨，总是劝人向善，就是因为善有善报，恶有恶报，他们也不能改动因果啊！”

禅师说得平静，苏轼听在耳中却如闻雷鸣，心也被深深地触动了。

苏轼说：“等我致仕之后，就来杭州。”

“为什么不回西蜀？”

苏轼故意不说是想离辩才禅师近一点，他说：“唉！故乡无此好湖山。”

禅师笑着问：“杭州湖山之美，美在何处？”

“若在望湖楼上看，水光潋滟晴方好，山色空蒙雨亦奇；若在湖上泛舟，水枕能令山俯仰，风船解与月徘徊……此地湖山之美，哪里说得尽？”

禅师摇了摇头，神秘地说：“要领略西湖之美，须在山上看。这是很多人不晓得也不懂的。”

说到此处，辩才禅师没再往下说，苏轼的心却被钓了起来。

西湖四周都是山。苏轼想知道，在哪座山上看西湖最美。他向辩才禅师问了几回，禅师最终答应说："下次来，老衲陪你登到山高处欣赏最美的西湖！"

通往白云峰的石阶陡峭崎岖，苏轼与辩才禅师时不时要伸手相携一下。别看禅师瘦骨嶙峋，走起山路来却如履平地。苏轼走得气喘吁吁，不一会儿就大汗淋漓。

来到高处，苏轼看到杭城四周，山山相连，山外有山。辩才禅师带他翻过一道又一道山岭，登上天竺峰。

站在天竺峰上，远望杭城，西湖就变小了，好似山脚下晾晒着的半盆水；再远眺钱塘江，涛声震天的江潮，此时只是一根逶迤的银线。

"天竺峰顶，不是人间。心外无法，满目青山。"辩才禅师轻轻吟哦了几句。

苏轼说："禅师，您虽不作诗，但一有吟咏，便如风吹水，自成文理。再看看我的，简直就像巧人织绣了。"

辩才禅师只是静静地盘膝而坐，没有答话。苏轼也学着坐下来。天风浩荡，空山寂寥。在这远离尘嚣的天竺峰上，远望市声喧嚣的杭州，犹如两个世界。

进观音殿礼敬一番出来，苏轼对道潜禅师说："我之所以喜欢来上天竺，妙处之一是能与辩才禅师一起登山，再者，就是禅门的茶分外香。"

道潜禅师笑着说："呵呵，孤山寺的杨梅好吃，上天竺的茶香，大学士倒总说实话。你可知，上天竺的茶是哪里来的？"

上天竺

辩才禅师喜欢茶，他住持上天竺之后，便把天台山的茶树引种过来，精心培育，成为佳茗。受“乌台诗案”牵累，辩才禅师离开上天竺后，茶园乏人打理，茶树也生机萧然。

苏轼被贬任黄州团练副使时，杭城的僧俗士人又把辩才禅师迎请回上天竺。据说山中茶树，也若有喜色。

元丰二年（1079），辩才禅师年届古稀，不堪繁忙的寺务，决意从上天竺退居。他问诸徒众：“我筋力衰疲，劳于应接，哪里可有清净幽僻的一庵之地，以便安养余年？”

杭州的护法居士听到这个消息，纷纷为禅师寻找选择可居之地。最终选定了西湖南山龙井寿圣院。虽名寿圣院，却只有蔽屋数楹而已。辩才禅师策杖独往，以茅竹自覆。

“辩才禅师为佛门忙碌了一辈子，隐居龙井，他也闲不住，这不，听说他又把茶树从天竺引种到寿圣院外的狮峰山麓去了。改日，我们去访他，在龙井煮茶论道，如何？”

苏轼听到这里，对道潜禅师说：“何必改日？禅师这么一说，令我心痒难耐，我们在这里喝两杯茶，稍作歇息，便去龙井找辩才长老如何？”

道潜禅师略一迟疑，他说：“要从上天竺去龙井，可是有一段路呢。”

“我都不怕，你怕什么？”

“可我不识得路啊！”

“从这里到龙井，有条山路，我和辩才禅师当年走过。咱们今天再走一遭！”苏轼跃跃欲试，这架势，哪里容得道潜禅师说不呢。

参考文献

1. 林语堂著，张振玉译：《苏东坡传》，湖南文艺出版社，2016 年。

2.〔宋〕苏轼著，王松龄点校：《东坡志林》，中华书局，1981 年。

3.〔宋〕苏轼著，傅成、穆俦标点：《苏轼全集》，上海古籍出版社，2000 年。

4. 何勇强：《钱氏吴越国史论稿》，浙江大学出版社，2002 年。

5. 张十庆编著：《五山十刹图与南宋江南禅寺》，东南大学出版社，2000 年。

第七章

永福寺：今遇知音为一弹

【永福寺】

永福寺坐落于灵隐寺西，素称“钱塘第一福地”。后晋天福二年（937），吴越王钱元瓘建。宋大中祥符元年（1008）敕题今额，称永福寺。元明清诸朝，香火不断。近代以来，逐渐衰落。

清初，东皋心越隐居永福寺，后应邀东渡日本，弘传禅门曹洞宗并传授琴学、书画篆刻艺术，因此永福寺成为日本艺术界知名人士寻根问祖之地。

2001 年，杭州市恢复重建永福寺。历时五年，寺院重新开放。永福寺的庭院融入山景，禅意十足，被誉为“中国最美的寺院”。

本章以永福寺为背景，描述了明末清初时琴人程雄与东皋心越禅师的交往故事。

惯爱西湖晴雨奇，敢望东渡作人师。

无端为业风吹去，没底铁船载月时。

渔歌一曲连天落，聆者谁兮肯诸谁？

——〔清〕东皋心越《自赞》

一、枯木禅

琴人程雄，从小便有侠勇之气，骑马射箭、习拳练剑，长大后更是喜欢结交江湖义士。都说撼山易，撼人心难，这对成年的程雄，却是个例外。他挥刀舞剑的手，喜欢上了抚琴时的勾托抹挑。于是，江湖上少了位剑客，尘寰中多了位雅人。他一袭长衫、一囊古琴，云游大江南北，慕名拜访各地的善琴者。

因为喜欢湖山之美，他落脚杭州。杭州号称“东南佛国”，城里城外梵刹林立，程雄最喜欢去的寺院，不是人头攒动的灵隐，而是灵隐隔壁的永福寺。

永福寺有庄严的殿堂，也有隐逸的山野，山即是寺，寺即是山，山与寺浑然一体。七进、五殿、三堂、两阁、两楼、五亭，各处建筑依山而立，掩映在蓊郁的林木间，错落有致。普圆净院、迦陵讲院、资岩慧院、古香禅院、福泉茶院，以充满禅意的不对称方式，与千余株古树名木为邻。

程雄清晰记得，他第一次来永福寺是在一个秋日的

永福禅寺

午后。山寺秋色之美，令他惊诧得睁大了眼睛。程雄解下琴囊，把长衫下摆往腰间一塞，在福泉茶院的空地上，起势一招“白鹤亮翅”，接着“猛虎下山”“青龙摆尾”“丹凤朝阳”……一趟拳脚打得虎虎生风。最后以“明月在抱”收势，他缓缓舒出胸襟中的一口罡气。

这时，背后传来清脆的拊掌声。程雄一回头，树荫下，一位身着灰衲、身形瘦高的僧人正微笑地看着他。

这是程雄第一次见到心越禅师。

心越禅师看着斜倚在古松下的琴囊，好奇地问：“好俊的身手，莫不成这位侠客还喜欢抚琴？”

程雄上前施礼。

那一日，程雄借宿山中僧舍。明月悬空，清风和畅，他与心越禅师品饮佳茗，阔谈时事。聊到古琴时，程雄发现，禅师也是个中高手，于是，他提出请禅师抚琴一曲。

泠泠七弦上，散音松沉而旷远，让人起远古之思；泛音则如天籁，有清泠入仙之感；按音则内涵丰富，手指下余韵悠长，时如人语，可以对话，时如香氛，缥缈多变。泛音似天，按音如人，散音则同大地，一曲具天地人三籁。

程雄惊奇地问：“禅师所抚何曲？”

“中和之曲。”

程雄恍若梦中，痴呆地问：“此何处也？”

“钱塘第一福地。”

程雄自恨十指之下，难出此妙音，一时心悦诚服，想拜禅师为师跟他学琴。

心越禅师摇了摇头：“可作昆仲，莫为师徒。你想学琴的话，可以拜教我抚琴的蝶庵先生为师。”

程雄拜师心切，次日，便缠着心越禅师带他来到蝶庵先生府上。

程雄于庭下试抚了一曲《沧海龙吟》。蝶庵先生听后沉吟良久，缓缓说："你操弦刚健，我琴音绵柔，不适合教你。"

蝶庵先生的拒绝，并没有浇灭程雄心中的热火，他再次上前恳请。

蝶庵先生诚挚地说："我的琴友石耕先生，比我更高明。他琴韵雄健，你名字里有个雄字，应是与他有缘。你若有意，我可亲为引荐。"

程雄一听，当场愣住。

对石耕先生，程雄仰慕已久，虽然知道石耕先生也隐居西湖，但他一直无缘得见。没想到，这缘分就这样来了。

石耕先生性情清高，从不轻易为人抚琴。他善弹《霹雳引》，据说他抚此曲时，能使山云怒飞，海水起立。附庸风雅的达官豪绅要请石耕先生弹奏几曲，必须守他的规矩，保持静穆；若有谈笑，他即推琴而起，拂袖而去。

虽有好友蝶庵先生引荐，石耕先生还是拒绝了程雄拜师的请求。心越禅师给程雄出了个主意，让他每日去石耕先生山房外听琴。

一转眼，程雄已在石耕先生的院外听琴半个月了。石耕先生高超的琴艺，令他叹为观止，聆听琴音，每每感觉如入湖山深处。

又一日，程雄一早来到山房外，然而等到红日西斜，也没听到石耕先生抚琴。程雄心觉不妙，推开了院门。

石耕先生与琴为伴，孤身独居，乏人照料。那日他偶染风寒，浑身无力，整日卧病在床。程雄见此，便留下来服侍汤药。三五日后，石耕先生痊愈。

石耕先生为程雄的义举所感动，旋即请蝶庵先生、心越禅师来做见证，他要收程雄为弟子。

在拜师仪式上，石耕先生拉着蝶庵先生坐在椅子上，让程雄上前礼拜。石耕先生说："蝶庵兄，我会把琴艺悉数传给程雄。你是我的琴学知己，对我这个徒弟，也不能有所保留啊！"

程雄师从石耕先生深研琴艺，苦心孤诣，一年之后，杭城琴人无能出其右者。他还在蝶庵先生的指导下，创作了新琴曲《满江红》《松声操》《武林春》等。

虽然已是杭城著名琴家，程雄得闲时依旧喜欢来永福寺听心越禅师抚琴。

禅师指下的琴音，纯正清妙，如山泉汩汩流出，不择地而行，遇山石则曲折，映月光而清幽，随地赋形，行于所当行，止于不可不止。

禅师抚弦虽有轻重迟速，传出的琴音却萧然古淡。程雄闭目敛神，散落的琴音由耳入心，如"静落阶前叶，清传月下砧"。一曲终了，程雄睁开眼睛，长叹一声："禅师，为何我抚琴总不及你？"

"程兄客气。其实是你抚得比我好。要说你我的不同之处，或许是我抚琴属无为法，兄抚琴属有为法吧。”

程雄问：“抚琴都是有为法！怎么禅师抚琴就是无为法呢？”

心越禅师说：“同为抚琴，若心有所求，即是有为法。抚琴于我，指有所触，心无所求，如参枯木禅。”

“哦？何谓枯木禅？”

“所有的琴，无非一截枯木。这一截枯木，本是死物，是繁华落尽的大绝望、大悲凉。忽遇斫琴高手，配以弦轸，从此枯木逢春。佛说世界，一面是苦空无常，一面是常乐我净。就像这枯木，大死大活，妄念灭尽，顿现真心。”

程雄一时无语，似有所悟，又不甚分明，就像在弥天大雾中隐约见到一条路。

“坡仙的《琴诗》，你是知道的。”说着，心越禅师轻轻吟出，“若言琴上有琴声，放在匣中何不鸣？若言声在指头上，何不于君指上听？”

程雄心中的路变得清晰：“是啊，琴声从何而来？若说琴声在弦上，为什么将琴放在匣中听不到鸣响？若说琴声在指头上，为什么在指尖听不到琴声？琴虽有妙音，但若无妙指，终不能发。这因缘和合之妙，怎么自己以前没悟到呢？”

二、鹫峰野樵

作为永福寺的常客，程雄隔三岔五过来拜访心越禅师。二人或松下抚琴，或月下品茗，有时漫步山径，有时无言默坐。大好天地间，两个闲人好不自在，管它什么世事纷扰、浮生若梦。

永福寺的曲径、小桥、流水、檐角的铁马丁当、殿中佛的静谧，这些细节都深深印在程雄的心底。

相识日久，相知日深，程雄对心越禅师的钦敬更加

永福寺内景

深厚。他发现心越禅师仿佛是一轴慢慢展开的山水长卷，初时以为自己置身画外，欣赏这长卷上的远山近水，看着看着，蓦地发现，自己只是画卷上的一个点景人物。

禅师不但善抚琴，也自作琴曲，有时还赋诗填词，抚弦而歌。禅师的诗赋，初读拙朴，再三诵咏，则如花逢暖风，可豁然会其幽韵。

一天，程雄来永福寺时恰逢落雨，石湿路滑，不小心崴了脚。忍着钻心的痛，程雄咬着牙一瘸一拐地挪到禅师寮房外。

禅师为他脱下鞋子，轻轻按摩痛处，找准筋骨错位处，双手发力，一抻一推。程雄听到关节处咔嗒一声。

心越禅师让程雄起身试走几步。程雄发现自己步履如常，他惊讶不已。

禅师告诉他，蝶庵先生以抚琴为余事，他的正业是以岐黄治病救人："我跟蝶庵先生习琴之余，偶尔也听他讲说医道。"

岂止岐黄之道，程雄发现，心越禅师多才多艺，建筑风水、易理卜筮、插花茶事、书法篆刻、诗词歌赋，无一不精。

程雄赞叹说："禅师真是人中之英！"

禅师摇了摇头："程兄谬奖了。唉，我已是杂毒入心。"

听到这句"杂毒入心"，程雄急切地问："你怎么不找蝶庵先生配些解药？"

心越禅师默然一笑，说："禅门以坐禅证悟为根本。抚琴作画、诗赋茶事，这些与禅修无关的，于我都是杂毒啊！"

与程雄相熟之后，心越禅师写字作画，不再回避他。程雄也乐意为禅师研墨、抻纸、洗砚、涤笔，做些山房雅事。

心越禅师擅长写隶书、草书，禅师挥笔书写时，如风行水面自成涟漪，绝无矫揉造作之气。禅师作画，也不讲究意在笔先，无论画兰竹山水，还是佛道人物，都是信手拈来。

禅师移笔蘸水，一个大墨点滴在纸上，洇漫开来。程雄心中暗叫不好，这张白纸岂不废了！

禅师不以为意，唰唰唰皴擦数笔，又略作点染勾勒，纸上便突兀出一块怪石。禅师放下手里的大白云笔，拈起一枝长毫细笔，在石下画了一丛兰叶、一茎兰花；又换了一枝中白云笔，往石头左侧的空白里，添了一竿盎然生机的墨竹。在画的右上方，题写了一行小字："一兰一竹一石，有香有节有骨。"

这出人意料的机趣，令程雄感慨道："纸上滴下墨点时，我为纸心痛；看禅师落下第一笔时，我也没猜到你要画什么。"

禅师莞尔一笑："不光你猜不到，我也猜不到。"

程雄愕然，抬起右臂，手指挠了挠头。

看程雄不解，心越禅师进而说道："我作画是以无所求之心，借笔与纸，略抒胸臆。佛家讲法无定法，凡有定法，必落下乘。”

画案上陈列着数十方的印章，这些都是心越禅师篆刻的。这些印章，有的风格浑朴，有的风格飘逸，各具其美。程雄比较喜欢的印文，有“琴书自妙”“醉墨”“西湖一人”“花时酒一瓢”“放情物外”“四海一空囊”。

禅师选出一方“鹫峰野樵”，钤印在画的右下角。

程雄问：“禅师，‘鹫峰野樵’，这四字是什么意思？”

禅师抬眼看了程雄一眼，没有回答，他扭头望向窗外。过了许久，禅师回过头来轻轻地说：“这方印是我与这永福寺的因缘。”

看程雄不解，心越禅师解释说：“我前世的某一生，或许就是寄身永福寺的一位僧人。”

明崇祯十一年（1638）秋，浙江金华府秀才蒋兴孝携妻子来杭州永福寺求子嗣。次年中秋过后，一个哭声嘹亮的男婴在兰溪蒋家呱呱坠地，蒋兴孝为新生儿取名“尚部”。

清顺治三年（1646），清军凭借军力优势，大败了固守浙东的南明鲁王政权，占据了浙江地区。风雨飘摇之际，蒋兴孝夫妻二人把年仅八岁的幼子尚部送到苏州报恩寺剃发出家，法名“兆隐”。

“禅师，你是家中独子吗？”程雄好奇地探问心越禅师的家世。

“我在家排行第四。剃度那天，母亲告诉我，在我出生前的那一夜，她做过一个奇怪的梦，梦中一位自称在灵鹫山砍柴的樵夫要来家中借宿。再后来，因缘成熟，我来永福寺住持，念及母亲说过的话，便刻了这方闲章。”

“禅师，你和禅门真是有缘。我记得《坛经》中讲，禅宗六祖慧能大师也是一位樵夫！”程雄按捺不住心头的激动对禅师说。

禅师轻轻摇头：“这里那里，千里万里，不是一回事。我怎能和祖师相提并论？”

兆隐出家后，在报恩寺遍闻禅师、兰石禅师精心调教下，诵习不怠。佛事之余，他还学习了诗文及书法。二十岁时，他只身前往南京天界寺，依止禅门曹洞宗高僧觉浪禅师参禅。

“要说这位觉浪禅师，他悟道的方式真是稀奇。有年春天，他在街上散步，附近屋顶上传来猫儿闹春的一阵叫声，他当下彻悟啦！”

听心越禅师说禅门逸事，程雄兴趣盎然。

“觉浪禅师圆寂前，叮嘱我来杭州皋亭山显孝寺依止阔堂禅师。此后，我便自号‘东皋’。我三十二岁那年，阔堂禅师传佛慧命，我有幸成为曹洞宗第三十五代法嗣，法名兴俦，字心越。”

说着，心越禅师从印石中选出一方，递给程雄。程雄仔细辨识印文，轻轻读出来：“洞宗三十五世兴俦之章。”

“六年前，走进这永福寺，我感觉这里的殿堂，每一处都透着熟稔和亲切。”

“禅师，看来你和永福寺真不是一生一世的因缘。”

心越禅师点了点头，他对程雄说：“你我恐怕也不是一生一世的因缘。”

程雄感觉好奇，追问道：“禅师可否详细说说？”

“程兄，世间所有的相遇，都是久别重逢。若无前缘，你我今生岂能于此相逢？只不过业力所遮，过往之事，无从记起罢了。”

三、今遇知音为一弹

早春二月，杭州城迎春花开花落间，程雄来永福寺数次，都没见到心越禅师。问寺僧才知道，禅师去普陀山朝拜南海观音去了。程雄感觉纳闷，禅师此行怎么这么突然，自己事先没有得到丁点消息呢。

永福寺

心越禅师朝圣归来那天，刚好程雄又来永福寺找他。天色向晚时分，程雄带着满怀的惆怅回城里，走到永福寺山门口，看到了心越禅师迎面而来，他不禁一愣。

禅师也看到了程雄，他向程雄笑着颔首致意。

禅师的脸比一个月前清瘦了一分，脸色也黑了一分。他衲衣上沾染着风尘，透露着这一去一回的匆忙与奔波。但禅师眼眸晶亮，不见一丝疲倦。

程雄见禅师肩背行囊，左右手各拎着一个包裹，便快步上前，把包裹接过来。接在手中，程雄却暗自一惊：好重的包裹！沉甸甸的分量，差点让程雄失手。

程雄毕竟习武出身，他当下一提丹田气，双肘微屈，拎起包裹，紧紧跟随在禅师身后，往古香禅院走去。

山径盘旋曲折，程雄边走边回味，方才看禅师拎着这两个包裹，也没多重，他怎么会有这么大的气力！这样一想，程雄有些吃惊，这清瘦如鹤的心越禅师，难道竟是一位深藏不露的内功高手？

“程雄啊程雄，你一直以为禅师只是艺僧！你这一双号称阅人无数的眼睛，简直白长了！”

“程兄，此行舟山事出匆忙，动身前，我没来得及和你打个招呼。想来这段光景，枉劳你往寺里空跑了数趟吧！”

当晚，心越禅师留程雄夜宿山寺，二人彻夜长谈。

大清定都北京后，摄政王多尔衮要求举国一律按满人的风俗剃发易服，“留发不留头，留头不留发”的强硬之举，激发出民众内心深处的大明情节，各地抗清斗争此起彼伏。清顺治三年（1646），随着清军南下浙江福建，反清复明斗争陷入低潮。

心越禅师身为僧人，本无剃发易服之虞，但他心怀故国。

禅师俗家的长兄蒋挺，曾在南明流亡政权弘光朝廷中任职，其后便投身“国姓爷”郑成功、苍水先生张煌言、研斋先生李长祥等组织的反清复明力量中，终年在舟山一带活动。禅师受兄长影响，在江浙一带云游时，也与义军多有接触。

到康熙三年（1664），作为明朝遗绪的三大流亡政权相继灭亡，海上反清领袖郑成功去世，李长祥在南京被抓，苍水先生见大势已去，便将隐匿在南田海岛上的义军解散。

不久，叛徒引路，清军夜半渡海登南田岛，将苍水先生抓至杭州。苍水先生拒不降清，遂被押赴刑场。苍水先生深情地望着杭州的湖山，叹息说：“大好河山，可惜沦于腥膻！”临刑前，他写了一首《绝命诗》：“我年适五九，复逢九月七。大厦已不支，成仁万事毕。”

临刑时，苍水先生拒绝跪地受戮，他坐地受刃，时年四十五岁。自此，反清复明力量“群龙无首”。蒋挺等人虽对前朝忠心耿耿，心怀眷恋，却回天无力，只得漂泊在东南沿海一带。

一个月前，蒋挺差人给心越禅师捎来口信，邀他到舟山一会。心越禅师当即背起行囊，随来人匆匆而去。

这段不便为人知晓的秘事，禅师竟对程雄毫不保留，和盘托出。程雄心中知道这番话的分量！禅师等于把他的生死交到了自己手上。

程雄听得壮怀激烈，他按捺住内心的激动，轻声问道："禅师，我是以琴立身的一介武夫，听了你这番话，如今也想做些什么！"

心越禅师定睛看了程雄一眼，缓缓道："我到舟山时，家兄尚在海上漂泊。我便先入普陀朝圣海天佛国，在观音道场逗留数日。其后，家兄赶至普陀，与我会面。听家兄讲，下月清明将至，散落各地的义士们拟议聚集杭州，到苍水先生墓前祭奠一番。"

"我能做些什么？"程雄跃跃欲试。

心越禅师低眉思忖了一番，摇了摇头："这潭浑水，程兄还是不蹚为好。"程雄一听，心中不免有些失落。

"家兄讲，苍水先生生前喜欢听琴。家兄要我在清明那天为苍水先生抚琴一曲。归途中，我思来想去，觉得还是石耕先生那曲《霹雳引》，最堪慰藉忠魂。"

程雄听后，心情为之一振，急切地说："是要我去抚此曲吗？"

"不！"心越禅师断然拒绝，"家兄讲，清军在义军余部埋有眼线，清明之会或许是一场刀光剑影。山僧琴柔，想请程兄教我怎样在指下体现刚劲。兄若肯赐教，也是为这场聚会尽力了！"

那晚，在古香禅院，程雄听心越禅师讲苍水先生张煌言的旧事，数度泪湿青衿。

“杭人将岳武穆公（岳飞）、于忠肃公（于谦）、苍水先生并称‘西湖三杰’，当是实至名归。多年前，苍水先生行经杭州，曾写过一首《忆西湖》：‘梦里相逢西子湖，谁知梦醒却模糊。高坟武穆连忠肃，添得新坟一座无？’”

程雄惊诧地说：“难道苍水先生那时便预见到了自己的未来？”

“这个，我不敢断言。不过，苍水先生还有一首《入武林》，与《忆西湖》大意相仿。”说着，心越禅师又低声吟道，“国亡家破欲何之？西子湖头有我师。日月双悬于氏墓，乾坤半壁岳家祠。惭将赤手分三席，敢为丹心借一枝。他日素车东浙路，怒涛岂必属鸱夷？”

听了这首诗，程雄更是长叹一声：“唉！真是斯人而有斯疾也！”随即他陷入沉默。过了一会儿，他说：“禅师，苍水先生生前喜琴，也是琴人之幸！”

说到琴，心越禅师又为程雄吟诵了苍水先生的《赋赠琴师》：“……座中有客伯牙俦，起抚瑶琴弄寒玉。初弹秋意满潇湘，再弹忽唱阳关曲。挥弦捩轸转繁音，往鹤来云节更促。我闻三湘烟景自苍凉，泪痕斑斑犹在竹。得君谱入龙门桐，无数离情纷相触。况复骊歌纤指间，羁人听之泪盈掬。愿君翻作洞庭声，莫怨孤鸿与寡鹄！……寥寥同调千载难，今遇知音为一弹！”

四、一苇渡江

清明那天，一群心灰意冷的前朝义士虽然聚于杭州，在西湖南岸、南屏山北麓的荔枝峰下苍水先生墓地，一番歌哭，但终归风吹云散，没有泛起什么波澜。

心越禅师在苍水先生墓前抚琴，只因他那身僧衣引人注目，遂被官府密探盯上了。

心越禅师并非没有察觉。但他禅定功深，处变如常。官府或许有意“放长线钓大鱼”，虽然暗中加强监视，明里却没有做出什么行动。

漫长的梅雨时节，疯长的青苔爬满了台阶，永福寺赭黄的墙壁上，点染了青绿的苍苔。四月十五至七月十五之间，僧众们依据戒律在寺中结夏安居，心越禅师也没再外出。

端阳那日，程雄来访。禅师与程雄各抱了一张琴，在古松下对抚了数曲。此情此景，颇有伯牙子期琴台雅会之意。

程雄在寺中用过午斋，随心越禅师来到画室。禅师从书橱里搬出数沓册页，一一摆到书案上。

程雄低头翻看，是禅师手抄的《谐音琴谱》。琴谱为四卷，第一卷“调弦入弄”，以《仙翁操》为例，讲抚琴的指法。禅师工整地抄了减字谱，还在谱旁配写了文词。程雄依着琴曲，悠然念唱道：“得道仙翁，陈抟得道仙翁……”

第二、三、四卷，是禅师辑录的琴曲，有《高山》《流水》《鸥鹭忘机》《清平乐》《归去来辞》《沧浪歌》《静观吟》《霹雳引》《长相思》等。

程雄一边翻阅，一边赞叹："禅师，你做事可真仔细。"

"这些琴谱，是我整理的，程兄若觉有用，可拿去誊抄一份。"

"我？"程雄虽然粗通文墨，对此却颇觉为难，他摇着头说，"我的字太丑了，抄不来。"

"呵呵，这又不是进士策对，不要在意字好看与否。就像抄经一样，一笔一画去写，就好了。"

听了禅师的话，程雄下定了誊抄琴谱的决心。心越禅师欣然一笑，又从书橱中捡出一封信函递给程雄。

这是日本国长崎兴福寺住持澄一禅师致心越禅师的一封信。澄一禅师说久仰心越禅师的才华，请他前往日本弘法，接任兴福寺住持。

一时，程雄颇感意外，他磕磕巴巴地问："禅师，难道你……果有东渡之意？"

心越禅师低眉静坐在禅榻上，未置可否。眼前的场景，更让程雄对书案上那沓琴谱生起珍重之心。

程雄向心越禅师归还琴谱时，已届中秋。秋色中的永福寺，色彩最为斑斓，一年四季之中，山寺之秋最为绚丽。

心越禅师正在收拾行囊。书案上，摆放着六七张古琴。程雄心有不舍，他问道："禅师，真的要走吗？"

禅师依然未置可否，他对程雄说："先师觉浪上人曾作《丽化说》，讲火需要附于薪灯才能燃烧万物，又需辗转脱化，才能相续不绝。火固然附丽于万物，而不执取一物；虽然脱化于万物，而不曾失却一物。我佛门中，释迦佛从燃灯古佛得授记。后世禅门传法，便沿袭这‘传灯’之说。辑录禅门世代谱系的书，也以‘灯录’命名。”

程雄听得一头雾水。

“我兰溪蒋家，心向前朝。八岁时，我遵父命出家为僧，便是不想做顺民。唉，杭城虽好，却非容我久居之地。我欲避祸东渡扶桑，为华夏文化保留一星火种。待因缘具足时，我会再将这火种引回来。”

禅师娓娓道来，言语如常，程雄心中却生起了难以割舍的离情。

“平生雅趣饶泉石，松下横琴一拂弦。待我经历大海巨浪归来，再与程兄相对抚琴，或许别有一番意趣。”

说到这儿，心越禅师莞尔一笑。程雄哪里笑得出来，他问：“禅师计划什么时候动身？”

“若无变化，当在三日后。”

程雄眼中含泪，颤声说道：“今日可否请禅师再抚一曲？”

心越禅师说：“你听——”

程雄听了一下，什么也没听到。他困惑地看向心越禅师。

禅师说：“程兄把心静下来。再听——”

程雄侧耳谛听，哦，有风吹过窗前的松树，松枝发出呜呜的嘶鸣。

“是听这风入松吗？”程雄问。

禅师点了点头：“君善抚琴，也应善听琴。”

程雄悽然一笑：“我之前常来听禅师抚琴，以后往何处去听呢？”

“程兄，天地间的一切音声，风声鸟语，泉流蛙鸣，雨打芭蕉，皆如琴音，感怀入心，如指下抚弦。这些无弦之琴，程兄随时可会心入耳。”

“禅师啊，你说的这境界，我连项背都望不见啊！”

心越禅师从书橱中取出三幅画，平铺在画案上。是一纸兰、一纸菊、一纸达摩祖师一苇渡江图，他让程雄选一张。

画上的达摩祖师赤足而立，脚踩一枝芦苇，在滔滔江水中破浪前行，他目光深邃、坚定，注视着远方，脸上神情庄重坦然。

程雄一眼便相中了这幅达摩像。此刻在他心中，即将远渡东瀛的心越禅师，不就像这一苇渡江的达摩吗！

心越禅师笑着说：“程兄，这一兰一菊，也一并送你。”

程雄端详着那两张画，不解地问道：“禅师，这兰、这菊，怎么都没有根呢？”

“程兄，你知道历史上画兰的郑思肖吗？”

“惭愧，对画家，我不熟悉。”

“南宋被元军灭亡后，郑思肖笔下所画的兰花，都无根啊！”

程雄不解地问：“这是为何？”

“唉！想是大宋土地为他人掠夺，故国于他已无处扎根吧！”

三日后，程雄来永福寺为心越禅师饯行。

程雄和心越禅师走出山门。禅师说：“程兄请留步，我们就此别过吧。”见程雄满脸惆怅，禅师笑着劝慰道：“莫这样。这只是小别。或许三五年后，我就回来了。”

难分难舍的离情充溢在程雄的心头。一阵秋风吹来，仿佛吹进了他的眼底，程雄泪满双睛。他不想泪流满面，于是抬头望向苍穹。他揾泪再望时，心越禅师的背影已被远处茂密的树木掩映不见。

程雄心里空空荡荡的。禅师虽说数年便回，但他隐约感觉，自此一别，今生恐难再与禅师相见。心中浮现出的这个想法，更让程雄难过，他一边责备自己，怎么会有这样的念头，一边自语道：“或许只需三年五载，禅师就回来啦！”

参考文献

1. 马时雍：《杭州的寺院教堂》，杭州出版社，2004 年。

2. [荷] 高罗佩：《东皋心越禅师传》。

3. [日] 荒木见悟：《觉浪道盛初探》。

4. 陈智超编纂：《旅日高僧东皋心越诗文集》，中国社会科学出版社，1994 年。

5. [日] 坂田进一编：《东皋琴谱》，上海音乐出版社，2016 年。

6. 上海戏曲学习协会：《自古以来最全斫琴师大全》，电子文本。

第八章

净慈寺：师唱谁家曲

【净慈寺】

净慈寺，位于杭州西湖南岸南屏山下，与雷峰塔遥相呼应。寺院于五代时后周显德元年（954）由吴越王钱俶创建，初名“慧日永明院”，南宋时名列“江南佛教五山”之一。

净慈寺高僧辈出，如永明延寿、大通善本、天童如净、道济（民间传说中的济公和尚）等。

净慈寺人文荟萃，苏轼、杨万里、袁宏道、章太炎、马一浮等均对净慈寺情有独钟。

本章以净慈寺为背景，描述了北宋年间苏轼任杭州知州时，与净慈寺僧大通善本禅师及茶僧处谦的交往故事。

师唱谁家曲，宗风嗣阿谁？借君拍板与门槌。我也逢场作戏、莫相疑。　溪女方偷眼，山僧莫眨眉。却愁弥勒下生迟。不见老婆三五、少年时。

——〔宋〕苏轼《南歌子》

一、花开佛国香

位于钱塘江口的杭州，海陆行旅辐辏云集，瘟疫时有流行。对杭州知州苏轼来说，怎样有效对治流行病，是心头第一等的大事。

在密州知州任上时，为应对流行病，苏轼令人把官府认可的药方用大字抄写后张贴在人多的地方，供民众使用。药方中，有干姜、厚朴、甘草、柴胡、藿香等多味草药，能扶阳、降烧、发汗、祛邪、开胃；这些药材价格便宜，一个大钱一服，人人用得起。

杭州城有五十万人，却没有一家公立医院。苏轼从公款里拨出两千缗，自己又捐出五十两黄金，在城中众安桥畔设立了安乐坊。从此，杭州有了第一家公立医院，既能为百姓诊病疗疾，也能集中对治瘟疫。

苏轼心头的第二件大事，就是解决杭州居民的用水难题。杭州作为退海地，地下水咸涩，难以饮用。

苏轼寻访到一位精通工巧明的老僧，在老僧的指导下，由官府出资，烧制了大量的陶管，在城中铺设了连接水库的输水管道，把西湖汇聚的山泉水分流到城内的六处水库，从此家家有了淡水喝。

然而，好事不好做。苏轼很快发现，和他做通判时相比，西湖的水面缩小了一半。湖内水草丛生，要是这样再过二十年，西湖水面被野草遮蔽后，百姓又去哪里找淡水？

元祐五年（1090）四月，苏轼上表朝廷，简述了疏浚西湖的计划。这一申请，有幸蒙朝廷批准。苏轼调集数千工人和船夫，费时四个月，工程完毕。可是，湖畔堆积如山的水草和淤泥如何处理呢？

苏轼绕湖而行，苦苦思索，突然灵光一现！

何不在湖上建一道贯穿南北的长堤？这样一来，既能增加湖面的美丽，又能连通南北两岸，缩短人们绕湖而行的距离，岂不两全其美！

想到就做，是苏轼的性格。等这三件大事忙妥，他终于松了一口气时，才猛地想到，好久没有见到方外好友、净慈寺住持大通善本禅师啦！

在净慈寺门外的莲池边，苏轼见到了迎候他的大通禅师。苏轼开口便道："禅师，人间的事，真是好戏不好唱。"

禅师微微一笑："对知州来说，却是难事不难办。"

苏轼欣然一笑，谦和应答："不敢不敢。禅师过誉。是我与杭州有缘，为官一任，若不造福一方，对上是辜

净慈寺内

负了圣上的恩典，对下则愧对百姓的期许。我想等我离任时，但求问心无愧！”

“为一善，则利益一人。要说利他，还是人在公门好修行。像知州知牧一方，兴一善便能利益万民。何况设置安乐坊、解决饮水难题、疏浚西湖，桩桩都是大功德呢！”

苏轼拱手当胸：“这都有沐圣上的恩泽！我不敢贪天功为己功！”

净慈寺外莲池中，一朵朵荷花开得灿烂。恰有微风吹拂，风没有吹乱水面上雷峰塔高大的塔影，却送来一股沁人心脾的荷花幽香。

随侍在大通禅师身畔的僧人赞叹说：“真是水绕禅

窗静，花开佛国香。”

这位侍僧颇有文采，苏轼认真看了他一眼，觉得他面熟，一时又想不起在哪儿见过。这位僧人眉目之间有着异乎常人的坚毅。

三人在莲池旁缓步而行。接天莲叶，一色深碧，映日荷花，有红有白。大通禅师问随侍的僧人：“处谦小师，闻得荷花香乎？”

“闻得了。”那位名叫处谦的僧人回答说。稍一停顿，他又问：“师父，我摘几朵荷苞去供佛好吗？”

禅师一笑，不置可否：“说到莲花，《阿含经》中有段公案。”

处谦摇了摇头：“弟子不知，愿听师父开示。”

佛陀时代，有位僧人在莲池边散步，闻到了莲花的香味，他很喜欢这个味道，于是放慢了脚步。

这时，莲池之神现出身形，问僧人：“法师，你不好好坐禅修行，怎么来偷我的花香？你执着这花香，就会有相应的烦恼生起。”

正说着，有个醉醺醺的人来到池边。他看到池中莲花含苞欲开，心生贪爱，径直蹚入池中，扯了几枝花苞。他把莲池弄得一片狼藉，扬长而去。池神却默不作声。

僧人问池神：“他弄脏了你的池子，摘走了你的花，你怎么看着不管？我只是在池边经行，闻了闻花香，你就责备我偷了花香！”

说到此处，禅师问苏轼："相公，对这一问，您如何看？"

苏轼说："还请禅师开示。"

禅师顿了顿，接着说："池神说，世间恶人处在肮脏的粪水中，我不愿搭理他。你是禅者，所以我才提醒你。禅者贪着花香，会影响禅修，就像白布上染了一个黑点，人人看得见；恶人摘花，就像黑布上染了一个墨点，谁愿意为他操心？"

苏轼深深点头，他说："这个故事真耐人寻味。"

从莲池回寺院方丈时，处谦落在后面，他请人摘了几朵荷苞，又快步追赶上来。

处谦将手里的花苞供在佛前，开始备茶。

大通禅师说："看到处谦以花供佛，我想起一事，正好请教相公。数日前，有位居士问我：拈花微笑的公案是否讹传？若否，出自哪部经典？实话说，这个公案，老僧在经中也没有读到过，于是一时语塞。相公博览群书，对此可知一二？"

释迦牟尼佛在灵山讲说佛法时，大梵天王自天界前来听法。他向世尊恭敬地献上一枝金色莲花。

世尊手拈莲花，展示给众人看，一言不发。众人不知何意，一时茫然无措。这时，释迦牟尼佛的大弟子摩诃迦叶破颜而笑。

世尊说："吾有正法眼藏，涅槃妙心，实相无相，微妙法门，不立文字，教外别传，付嘱摩诃迦叶。”

这拈花微笑的故事，是佛门禅宗的起源。

苏轼略一思忖，回答说：“据说这个公案在《大梵天王问佛决疑经》中。这部经因为多谈帝王事佛之事，一直为御苑秘藏，世间见不到。我在京都时，听说王荆公在御苑读过此经。”

苏轼说完，举杯欲饮，杯中却无茶。处谦执壶呆立一旁，一动不动。

大通禅师问处谦：“怎么忘了上茶？”

处谦羞赧地快步上前，为苏轼分茶。他小声地说：“师父，方才我回味您讲的那一池荷香的故事，恍惚了。惭愧惭愧。”

禅师说：“处谦，剑去久矣，勿再刻舟。”

二、净慈家风

看着处谦法师脸部坚毅的轮廓，苏轼恍然有所省悟。他想起来了，难怪觉得这位僧人面熟呢。

去年差不多这个时候，苏轼来净慈寺拜访大通禅师。在大殿前，他看到一个年轻僧人用头撞击着廊下的柱子，一下，两下，三下……咚咚有声。僧人每一下都很用力，似乎毫不在意皮肉之苦。

苏轼看着心疼，上前问道：“法师，你这是做什么？”

净慈寺

那位僧人停下来，转过脸看了苏轼一眼。苏轼看到，僧人的目光空空荡荡，浑若无睹。苏轼刚想再问，僧人转身走了。

苏轼感觉纳闷，见到大通禅师时，他说起这件事，禅师说："处谦又在参禅呢。"

还有一次，苏轼看到处谦法师边啪啪啪地用力拍打着大殿外的柱子，边大声喝问："你为何不说禅？你为何不说禅？"

苏轼这回没有上前询问，他把心中的困惑抛给了大通禅师："这位法师是不是走火入魔啦？"

禅师摇了摇头："处谦用心太过。唉，他是按着牛头吃草啊！"

“您怎么不开示他一下？”

禅师缓缓地说：“他不来问，何劳我虚开口？再说，参禅这件事，小处须自家担当，大处别人也替你不得。万水千山，尽在草鞋跟底，一段心路，要自己走过，方知今日十五，明朝十六，一切水到渠成。净慈家风，历来如此。相公，请吃茶。”

苏轼端起茶杯，小啜了一口热茶，又问大通禅师：“请教和尚：何为净慈家风？”

净慈寺的开山始祖，是吴越国的道潜禅师。寺院最早叫慧日永明院。

道潜禅师早年在法眼禅师座下参禅。一天，有数人携家眷入寺礼佛供养，走出大殿时，男男女女有说有笑。法眼禅师问道潜：“你听到他们在说笑吗？”

道潜说：“听到了。”

法眼禅师问：“戒律中说，僧人如果听到隔壁女人的钗钏声，就属犯戒。今日我们听到他们说笑，是破戒，还是没破戒？”

道潜说：“这个问题真好！是个参禅的入处。”

法眼禅师赞许说：“你能明白这个道理，将来必定为王侯所尊重。”

后来就像法眼禅师预言的那样。道潜禅师来到杭州，被吴越国忠懿王尊重，请入府中供养。忠懿王在禅师座下受了菩萨戒，为他在南屏峰下建了慧日永明院。

一日，道潜禅师对寺中僧众说："佛法就在眼前，明明白白，大家为什么不懂这个道理？欲会佛法，只需问问张三李四；欲会世法，则要参照古佛丛林。"

苏轼拍手称叹："这位禅师实在高妙！"

大通禅师一笑："愿听相公详解。"

"一般来说，欲会佛法，要到古佛丛林；欲会世法，可问张三李四。妙就妙在禅师的颠倒处！世人领悟佛法的深浅，只需看张三李四在做什么；僧人宣讲佛法度众生，先要知道世间人心的取舍啊！"

"开山祖师若听到这番妙论，当拊掌大笑也！"说着，大通禅师拍手而笑。

净慈寺的第一代祖师是永明延寿禅师。他是余杭人，俗名王寿，未出家时，是吴越国一名税官。收来的税钱本应上交官府，他却没交，用来买了鱼虾放生。时间一长，事情败露了，王税官被抓入狱，依律候斩。

忠懿王处置这个案子时，颇感为难："杀他吧，王税官是地方上有名的善人；不杀他吧，等于放纵犯罪。"

行刑的前夜，忠懿王做了一个奇怪的梦。有位发须皆白的江上老人，引领着数万只鱼虾来到忠懿王的梦里，为王税官求情。老人说："我辈都是王税官放生者，他以大王钱放生，也是为大王修福延寿，愿大王赦免他的罪过。"

次日，忠懿王对监斩官说："临刑之时，如果王税官怕死，就斩了他！如果他不怕死，就放了他，让他剃度出家修行。”

王税官临刑时，神色不变。忠懿王当场赦免了他，赐予袈裟，令他出家。

苏轼问：“禅师，听您讲这段故事，我心中倒有个困惑：肉当食也，不当食也？”

“食是相公的禄，不食是相公的福。”

“世人即便有护生之心，也未必能像延寿禅师那样，买了鱼虾来放生啊？”

“这要随缘。放者长养慈悲，未被放者当即解脱。”

大通禅师的妙答，令苏轼不住地点头。

延寿出家为僧后，入天台山师从德韶禅师在白云深处禅坐。他非常用功，入禅定数日不动，以至小鸟误以为他是稻草人，在他衣褶里搭了个巢。后来，忠懿王请延寿出山做了永明寺住持，世人称呼他“永明延寿禅师”。

“我听人说，像延寿禅师这样，向死地走一遭，能增加三十年修行。”

“这个，老僧倒未曾听说。老僧只知道，永明延寿禅师主张万善同归，佛教要适应世间生活，他说除了坐禅、念佛、诵经、持咒、放生等修持之外，世间的善行，像劝臣以忠，劝子以孝，劝国以绍，劝家以和，都是往生净土的资粮。”

在大通禅师之前，住持净慈寺的是圆照禅师。这位

净慈风光

圆照禅师，苏轼认识，知道他道行高深。

有一年杭州大旱，西湖水浅见底，城中的井都干涸了。净慈寺僧众无水可饮，圆照禅师手执锡杖来到寺院西北角，念经作法，锡杖所指之处，甘泉从地涌出，寺院周边的近千名民众因之得福。

一天，有人问："即心即佛时如何？"圆照禅师一笑作答："杀人放火有什么难？"

苏轼知道，即心即佛之说，出自东土禅宗初祖达摩禅师的《血脉论》。达摩祖师说："即心是佛，亦复如是。除此心外，终无别佛可得；心即是佛，佛即是心；心外无佛，佛外无心。"

苏轼也知道，"佛"这一字，本意是觉悟、觉照。祖师说即心即佛，是提醒学禅者不要执着外在的、有相的佛，更应培养自心的觉照能力。

人问“即心即佛”，圆照禅师却说“杀人放火”，苏轼颇感突兀。因此，他向大通禅师请教。

“三宝门中，禅是佛心，经是佛语，戒是佛身。心若能觉照，守戒修行，成佛作祖，又有何难？心若不能觉照，有戒不持，杀人放火，又有何难？”

说完，大通禅师端起杯子，喝了一口茶，处谦上前为禅师续杯。

禅师又说：“若心能保持觉照，身临淫坊酒肆，也是历境炼心的道场；耳畔鼓乐音声，听来皆可增益智慧。光明藏中，孰非游戏？”

听了这句“光明藏中，孰非游戏”，苏轼脸上闪现出一抹顽皮的微笑，他定睛看了看大通禅师。

三、师唱谁家曲

自晚唐、五代至宋这一百多年里，受社会风气影响，佛门流行起放任自然、不问善恶是非的风气来。有些僧人戒律松弛，饮酒食肉，把酒叫作“般若汤”，把鱼叫作“水梭花”，把鸡叫作“钻篱菜”，偷换概念，自欺欺人。

大通禅师持戒严谨。如入殿堂，若佛菩萨像是站立的，他绝不坐在一旁；日常饮食，他也时时防心离过，防讥避嫌。

一天，苏轼请大通禅师应斋。虽是一席素食，因桌上的菜被称为素鸡、素鱼，禅师迟迟不肯举箸。

苏轼说："禅师，您这样做，不也是心有挂碍吗？"

"在相公眼里，是挂碍；在老僧看来，是觉照。"

苏轼自然有一番道理可讲，禅师却"是非以不辩为解脱"，一旦表达出自己的观点，他不再多言一句。

禅师敛目静坐，既不食，又不语，令苏轼颇为尴尬。他再次劝说："禅师，素食荤名，不过是一种方便而已！"

"素食就是素食，冠以荤名，说是方便，他人若不明就里，容易引起误会，老僧防讥避嫌，所以不吃。佛法中讲，一切唯心造。依戒律来说，吃饭不过是为疗形饥，素食荤做，模仿其味，也会让人心生贪念，老僧防心离过，所以不吃。"

禅师对人真诚，对事恭敬，时时以戒律观心，小处也不随便，顿令苏轼心生感动，当即命人按禅师要求撤换菜肴。

杭州州治下，有数名官妓，她们年轻貌美，体态婀娜，能歌善舞，在官宴或迎送往来时，唱词佐酒。官妓中的琴操，色艺双绝，名噪一时。

知州苏轼爱好热闹，凡有官宴，他欣然参与。苏轼虽然为人随和，但他乐而不淫，虽然喜欢逢场作戏，却从未迷恋上哪个官妓。他经常做的，不是为官妓题诗，就是帮官妓脱籍。脱籍，就是把官妓的名字从官府的登记簿上注销，还她自由身。

一天，苏轼携琴操泛舟西湖时，他童心大盛，对琴操说："来，咱们做个游戏，我装扮长老，你来参禅吧。"

琴操感觉好玩，说：“好！”

苏轼问：“什么是湖中景？”

琴操环视湖天，脱口而出：“落霞与孤鹜齐飞，秋水共长天一色。”

苏轼点头微笑，心想这琴操不愧饱读诗书。他又问：“什么是景中人？”

琴操坐在船边，低头望着湖水，临水照花，回复道：“裙拖六幅湘江水，髻挽巫山一段云。”

就这样一问一答，两个人兴趣盎然。

后来，苏轼没有问题问了，琴操说：“学士，我能问您一个问题吗？”

苏轼又上了兴致，随口道：“好啊！”

琴操说：“我想知道，您问我这些问题是什么意思？”

苏轼望着琴操，虽然她现在年轻貌美，想到日后一旦年老色衰，眼前的热闹都会成为过往云烟，他轻叹一声说：“门前冷落车马稀，老大嫁作商人妇。”

琴操听了一愣。她想过脱籍从良的事，她不想嫁人，想出家修行，只是一直没机会跟知州开口说。

此刻，琴操幽幽地说：“谢学士，醒黄粱，世事升沉梦一场。奴也不愿苦从良，奴也不愿乐从良，从此念佛向西方。”

沦落风尘的琴操心怀出尘之想，这大大出乎苏轼的意料。此刻，他想起了大通禅师那句“光明藏中，孰非游戏”。

告子曰：“食色，性也。”苏轼想到：大通禅师能在饮食上禁受考验，我何不在色这一关上再考验他一回？

又过了数日，苏轼带着琴操来到净慈寺。

大通禅师规矩森严，信众若不提前斋戒沐浴，来了他也不见；女人只能到方丈院外，不许入院。这些，苏轼都知道。

这一次，苏轼刻意带琴操来，就是想挑战老禅师的清规。因此，他也没有提前派人知会禅师。

听说知州突然来访，大通禅师已经来不及出门迎接了，他对处谦说：“我在丈室相候，你去请他来这里喝茶吧。”

大通禅师端坐在禅床上，见苏轼进门，示意他落座。

苏轼见大通禅师端坐不动，呵呵笑着合十作礼：“禅师，今天路过宝刹，刚好想起您，便冒昧前来打扰。”

“无妨无妨。处谦上茶。”

苏轼落座，问道：“禅师，您就在禅床上待客？”

“相公，赵州禅师有段法语，您知道吧？”

禅门传诵的赵州古佛，是唐代在北方赵州（今河北赵县）弘法的一位高僧。当时，割据一方的藩镇大王来拜访他，赵州禅师正在室内坐禅。大王的随从问：“大王来了，你怎么不下禅床？”赵州禅师说：“你不懂老僧这里的规矩。下等人来，出山门接；中等人来，下禅床接；上等人来，禅床上接。我若下禅床、出山门，恐是委屈了大王。”

苏轼知道这一公案，听禅师这样问，他朗声大笑。

喝了两盏茶，苏轼让扮作书童、随他前来的琴操摘下帽子，露出了她的满头秀发。苏轼笑着说：“禅师，她是琴操，您没想到吧？”

大通禅师一见，蹙眉不语。苏轼顽皮地笑着，起身向前，又对禅师施了一礼。禅师微微摇摇头，回以无奈之笑。

苏轼没有把这件事放在心上，他说：“禅师慈悲，能否将您念经的木鱼借给琴操，我马上填首词向您道歉。”

大通禅师微微点头，处谦走到佛案前拿下木鱼递给琴操。

苏轼手握纸笔，飞快地写道：“师唱谁家曲，宗风嗣阿谁？借君拍板与门槌。我也逢场作戏、莫相疑。　　溪女方偷眼，山僧莫眨眉。却愁弥勒下生迟，不见老婆三五、少年时。”

琴操左手握着木鱼，右手拿着木槌，像诵经一样，边敲边唱，把这首《南歌子》唱了一遍。

大通禅师对琴操说：“听你的声音，很适合出家诵经。”

琴操

苏轼一愣，心想：这禅师莫非有他心通、未来眼？一时，他为今日的鲁莽心生愧疚，恭敬地说："这琴操确有出家之意，请禅师慈悲给她指点个去处。"

"玲珑山有座尼庵，应该适合她。"

琴操听了，当即跪在地上，感谢禅师指点。

大通禅师转过脸来对苏轼说："老僧年事已高，还要禅坐一会儿，恕不奉陪。请相公移驾到处谦那儿喝茶吧。"

苏轼再次上前施礼，充满歉意地说："禅师讲'光明藏中，孰非游戏'，弟子今日鲁莽了，望禅师恕罪。"

禅师轻轻叹了口气说："虽说人生如梦，梦中的心哪个是假的？假若日后有一天相公向南方作万里之游，愿您也能以游戏之心处之。"

苏轼听得一头雾水。此时，他怎么能想到这是禅师提醒他日后会被贬往惠州、儋州呢？他合掌恭敬，请教禅师此话何意。

禅师说："上不见天，下不见地，逼塞虚空，无处回避，为君明破即不中，且向南山看鳖鼻。"说完，敛目不语。

四、兔毫盏

处谦法师引领着苏轼、琴操从丈室退出来。

来到茶室，按宾主落座，处谦法师搬过陶炉，生起炭火。

苏轼问："法师，你是怎么喜欢上喝茶的？"

处谦法师一笑："是师父教我的。"

处谦来净慈寺后，依止大通禅师习禅。处谦虽用功坐禅，上座后却经常打瞌睡，他为此苦恼。为驱逐睡魔，处谦想了很多办法，有时到大殿礼佛，有时在殿外以头抵柱，以警省自己。

大通禅师知道后，告诉他："禅门中人要驱逐睡魔，可以喝茶。"

据唐人封演《封氏见闻录》记载，开元年间，泰山脚下灵岩寺有位降魔禅师，大兴禅教，为让坐禅者不打瞌睡，禅师命僧众饮茶提神。这一做法，被众多的寺院转相仿效，饮茶成为禅门风俗。

处谦一试，喝茶果然醒神，有助禅修。从此，他不仅喜欢上茶，还由茶入禅，悟出茶禅一味的道理来。

苏轼很感兴趣，问道："怎么个茶禅一味？"

处谦说："佛门讲菩萨万行，离不开六度——布施、持戒、忍辱、精进、禅定、智慧这六件具体的事。茶也具有菩萨六度。比如说吧，遇水舍己，而成茶饮，是为布施；叶蕴茶香，犹如戒香，是为持戒；忍蒸炒酵，受挤压揉，是为忍辱；除懒去惰，醒神益思，是为精进；和敬清寂，茶味一如，是为禅定；行方便法，济人无数，是为智慧。"

这番妙论，苏轼是头一次听到，他暗暗称奇，不住点头。

炉中火正红，壶中茶已沸。处谦把茶分到苏轼、琴操眼前的杯子里。苏轼端起杯子，小啜一口，赞叹道："好香！老谦，看来你参得了点茶三昧。"

处谦法师羞赧一笑。

“你再说说，点茶有什么可以分享的秘诀？”

处谦摊开双手：“茶事无他，烧水点茶而已。哪里有什么秘诀？只要吃茶的人静下心来，与茶会心就足够了。”

说着，处谦拿起茶盏，小饮半口，又轻轻放下。他注视着盏中的茶汤：“我看这盏中的茶时，如同面对菩萨，心里始终存着一分恭敬。”

“茶后坐禅，就不犯困吧？如果坐禅时，想喝茶怎么办？”

处谦低头一笑：“茶禅一味，跟人间的其他事一样：要拿得起，也要放得下；不能放不下，又拿不起。”

喝完一壶茶，处谦法师又从茶筒中拿出一款奇茗：“这茶的茶汤如玉雪，需要换个盏喝。”说着，他拿出三只黑黝黝的建盏，摆到茶席上。

苏轼注意到，这三只茶盏，釉色黑亮，敞口，深腹，厚实别致。特别是盏内外的釉层中，隐着一丛丛均匀细长的条纹，就像兔子的毫毛，闪闪发亮。

“这茶盏别致，釉色极像兔毫！”

处谦正用茶碾把茶块碾成碎末，听到这句赞美，他停下碾子，抬起头说：“相公说得对！这茶盏，就叫兔毫盏。”

处谦碾好茶末，分入盏中。三人静静地坐在茶席前，等待炉火上的水再次沸腾起来。

“大通禅师只教了你喝茶吗？”

处谦摇了摇头：“师父也教我读经。有一天，我诵读《华严经》，师父问我：用什么看？我说：用眼看。师父对我竖起了拳头，问：为什么不用拳头看？”

苏轼扑哧一笑，问道：“你怎么说？”

“我问师父，如果放下拳头，用什么看？师父就笑了。”

琴操不时地看一眼炉火。这时，她说：“水冒泡了。”

处谦说：“水中只有一两个鱼眼，还不行。泡这个茶，要等水沸起来，水泡连珠时冲瀹最好。”

又等片刻，壶中水连珠沸腾。处谦麻利地拎过水壶，高冲入盏，茶末在盏内盘旋转动，不一会儿，黝黑茶盏的水面上，浮起一层白沫。

“果然像玉雪。”苏轼赞叹说。

喝完这盏茶，处谦又拿出一团茶饼，他让苏轼闻了闻干茶之香。苏轼连连摆手：“吃不得也，唯觉两腋习习清风生啦！”

“那也好。我还有些舍不得拆开呢。”处谦法师说着，脸上一笑，苏轼与琴操也跟着笑了。三个成年人，在开心微笑时，又都像没长大的孩子。

苏轼说：“我以后要学学陆羽，写本新《茶经》。老谦，如果我把你写进书中，你的名字就会永存于天地之间。”

处谦法师呵呵一笑，没有答话，他低头收拾席上的茶盏。苏轼把眼前的兔毫盏捧到手里，小心转动，像端详宝贝一样。

处谦看出了苏轼的心思，他大度地说："这只茶盏，送给相公吧。"

"这只茶盏，让我想到了在吉祥寺看牡丹，对花无语花应恨。呵呵。用这么好的茶盏喝茶，好好欣赏它，也算随喜。世间佳物，过眼即是拥有，拿走就是贪心。法师不是刚刚教我要拿得起、放得下吗？"

说完，苏轼笑着把兔毫盏轻轻放到茶席上。

参考文献

1. 释大壑：《南屏净慈寺志》，载赵一新主编《杭州佛教文献丛刊》，杭州出版社，2006 年。

2. 吴之鲸：《武林梵志》，载赵一新主编《杭州佛教文献丛刊》，杭州出版社，2006 年。

3. 林语堂著，张振玉译：《苏东坡传》，湖南文艺出版社，2016 年。

4.〔宋〕苏轼著，王松龄点校：《东坡志林》，中华书局，1981 年。

第九章

护国仁王寺：尺八与吹禅

【护国仁王寺】

护国仁王寺，位于杭州栖霞岭黄龙洞景区附近，创建于南宋淳祐元年（1241），淳祐五年（1245）宋理宗赐“护国仁王禅寺”额，禅门高僧无门慧开应请住持此寺。

无门慧开禅师，著有《无门关》传世。日僧心地觉心入宋求法，师从慧开禅师习禅，同时他又师从音乐家张参学会了尺八的吹奏技术，回日本国后建兴国寺，传禅兼传尺八。

护国仁王寺被日本佛教界尊奉为“尺八祖庭”。原寺址现在浙江省老年大学院内。

本章以护国仁王寺为背景，描述了心地觉心师从无门慧开禅师习禅，在寺中学习尺八的故事。

春有百花秋有月，夏有凉风冬有雪。

若无闲事挂心头，便是人间好时节。

——〔宋〕无门慧开《禅偈》

一、梅子熟也

杭州城的富庶、繁华，西湖畔远山近水秋色中的恬淡、静美，对这两个满脸风尘的日本僧人来说，仿佛都不存在。

拐一道弯，来到西湖北岸的路上，走在后面的僧人忽然开口问："觉心师，你是第一次来杭州吗？"

走在前面的僧人嗯了一声，他只顾低头疾走。问话的源心法师怕落太远，没再说话，暗中加快步伐跟了上去。

夕阳西下，对忙碌一整天的人来说，往往会感到心情舒畅。日出而作，日落而息，天将黄昏，做事的手、走路的脚，也不自觉地放缓下来。

果然，这两个脚步匆忙的日本僧人也放缓了脚步。在十字路口，他们向过路的人合掌低眉，打听去黄龙洞护国仁王寺的路线。

"觉心师，如果天黑了，我们到那里还能挂上单吗？"

“今晚睡在护国仁王寺山门廊下，又何妨？知道了路，就只管往前走。往前走一步，我们离无门慧开禅师就近了一步。”

觉心的话，貌似平常，却耐人寻味。这或许就是禅机吧！在这半年的朝夕相处中，源心对觉心越来越钦佩。

佛门的事，讲究一个“缘”字。或者说，以佛门的视角看，世间的事，好的坏的，都离不开一个“缘”字。

半年前，也就是暮春三月，在明州（今浙江宁波）大梅山唐代高僧法常禅师舍利塔前，源心遇到了比他晚两年入宋求法的日本僧人心地觉心。

相见的那一刻，二人欢喜得像在十字街头遇见了离散多年的亲人。当天晚上，他俩挤在狭小的茅棚里，烤着火盆，盘膝对坐，畅说心事。时而日语，时而汉话，时明时暗的盆火，映照着他俩的脸，直到天光放亮。

源心比觉心大两岁，也比他早两年入宋，他把这位年轻的道友视作兄弟。

觉心法师，俗姓常澄，号心地，是日本信浓国（今日本长野县）人。他十五岁接触佛教，最初在神宫寺读佛书；十九岁在东大寺出家；受具足戒后，又到高野山密宗道场学修真言；数年后完成学业，但他没做金刚上师，而是转道上野，拜在长乐寺荣朝禅师门下一心参禅。

建长元年（1249），觉心在京都东福寺拜见“圣一国师”圆尔禅师时，听说了大宋国径山寺无准师范的禅风，深为叹服，发愿前往求法。

圆尔禅师对觉心颇为欣赏，认为他日后能成为禅门法将，当即修书一封，作为引荐。

淳祐九年（1249）四月廿五日，在海上经历了近两个月的颠簸后，四十三岁的心地觉心踏上了他心仪已久的大宋国的土地。

怀揣着圆尔国师的引荐信，觉心身背行囊直奔临安府径山兴圣万寿禅寺。到达径山寺，他才知道，无准师范禅师上个月刚刚圆寂。

“我到径山寺的当天，却听说无准师范禅师已经不在人间。我怎么肯相信！我心里想，这位老禅师怎么和我开了这样大的一个玩笑啊！我的心本来像眼前这盆燃烧的火，没想到兜头泼来一瓢冰水。”

说到这一段，觉心一脸悲戚，泪水涟涟。

火盆里摇曳的火，忽明忽暗，映照着觉心坚毅的脸庞。

源心急切地问：“后来呢？”

在径山寺住持痴绝道冲禅师挽留下，觉心法师在径山寺住下来。他夜晚进禅堂参禅，白天在大寮（厨房）做饭，为自己培福。

“源心师，您到径山寺参学过吧？”

源心笑着点了点头说：“入宋求法的日本僧人，有谁没去过径山呢？”

觉心也笑了，他说：“如果近两年去，您在寺中吃

径山寺雕像（左圆尔，右无准）

到的酱油，没准就是我做的呢。”

“噢！径山寺的酱油风味真是独特。你这么一说，我还真想起那滋味了。觉心师，你在径山学到的做酱油的技术可不要忘了啊，你要把这项技术带回日本去。”

“源心师，不要这样笑话我啊！我难道是来学做酱油的？”

源心笑起来，觉心也笑起来。

“我在径山住了两年，又到湖州道场山护圣万岁禅寺、明州阿育王寺、天台山国清寺等宝刹参学。掐指算来，我入宋求法已近五年了。虽然踏遍了东南佛国的灵山秀水，但一直心存遗憾，未得名师点拨，心中一片迷茫。”

觉心说着低下头，叹了一口气。过了一会儿，他抬起头来，凝视着源心法师脸庞的侧影：“没想到，我今天来大梅山参礼法常禅师的舍利塔，在这里遇到了您。源心师，冥冥之中，这是怎样的因缘？”

“你能来大梅山，可能是因为‘梅子熟也’。”

“现在是春天，梅子怎么会熟呢？”

“梅子熟也”，是禅门的一段公案故事。唐代的法常禅师到洪州（今江西南昌）拜访著名的马祖道一禅师时，开门见山问道：“如何是佛？”马祖说：“即心是佛。”法常于言下有悟，行脚到明州的大梅山，搭起茅棚，隐居修行。马祖派人来勘验法常修行的境界。来人说：“马祖近来讲法又变了内容。”法常问：“他又讲什么？”来人说：“马祖讲，非心非佛。”法常道：“这老汉尽惑乱人。任他非心非佛，我只管即心即佛。”来人回到洪州，把法常的话禀白马祖。马祖赞叹说：“梅子熟也！”

弄明白了这段故事，觉心开心地笑了：“愿借您吉言。”

盆火渐暗，春寒料峭，二人把衲衣裹紧了些。觉心问：“源心师，您在大宋国多年了，有没有遇到高明的禅师？”

源心说：“我在行脚途中，听说杭州护国仁王禅寺的无门慧开和尚是位名师，可惜我缘分不到，一直没机会前往拜见。”

听到“无门慧开”这四个字，觉心感觉心怦然一动。他隐约觉得自己和这位老禅师有缘，看来不是“梅子熟也”，是求法的机缘成熟了，他决心到杭州去。

二、“无”字公案

二人走到黄龙洞护国仁王寺时，夕阳已然隐在山背后，天上余晖灿烂。

山门没有关，觉心笑着说：“源心师，看来我们不用睡在山门廊下啦！”

觉心把背上的行囊放在山门前的空地上，端身正立，双手合十，虔敬地向着寺院拜下去。源心跟在觉心后面也照样顶礼三拜。

走进山门，迎面一池净水。这个长方形的池子，是放生池。已是深秋，池中荷花花期已过，还零落地开着三五朵；那些荷叶，有的残留翠绿，有的已叶片枯黄。

绕过放生池，来到高大的天王殿前。殿前一左一右两尊威严站立的护法金刚，正把宝杵举在空中。觉心感觉金刚正瞪大眼睛盯着他，他赶紧低首合掌。

这一低头，觉心看到自己僧衣下摆沾着不少泥土，他趁势掸了掸。他直起腰时，源心已经走到天王殿后。

天王殿后面，是一进完整的院落。院中央是一座崔巍的殿堂，也是寺院中心——大雄宝殿。大殿左右两侧，各有一排厢房。东侧厢房中间的一道门外，挂着“客堂”漆牌。

源心站在客堂门外，他举起右手，轻轻敲了门框三下。客堂里传出一声“请进”。源心回过头来，朝觉心招了招手。

觉心快步走过去，他把行囊放在客堂门外，跟在源心身后，一前一后，走进客堂。

知客僧问明来意，让他们把行囊搬进客堂："二位法师，远道而来，辛苦啦！寺院马上用药食，二位先到后面斋堂去吧。"

禅门寺院，把晚餐称作药食。佛陀时代，僧人靠乞食为生，过午不食；佛教进入中国后，僧人农禅并重，体力消耗大，为不违佛戒，把晚餐当作治疗饥苦的一味药，称作"药食"。

源心转身去门外取行囊，觉心却站在客堂没动，他迫切地问知客僧："法师慈悲，我何时能见到无门慧开禅师呢？"

知客僧一笑："你们先去斋堂吧，在那里就能见到师父。"

客堂中央，供奉着一尊木雕观音菩萨。觉心抬头观瞻菩萨时，感觉这尊低眉的菩萨正对他微笑。觉心想："真要好好感谢菩萨的加持。从明州来杭州这一路非常顺利，今天来了就能见到无门慧开禅师，真是太感恩啦！"

觉心趴在地上顶礼三拜。

斋堂在客堂后面，绕过去就到了。令觉心和源心没想到的是药食的粥还没有熬好。

米已下锅，可大寮的僧人却找不到火石，无法点着锅底的柴。知客僧也帮着找，同样没找到。

众僧一筹莫展，这时，一位灰衲、消瘦的老僧飘然而至。见到老僧，做饭的僧人上前禀告原委。

老僧莞尔一笑，指了指斋堂中间佛前的供灯，慢悠悠说道：“只为分明极，反令所得迟。早知灯是火，饭熟已多时。”

做饭的僧人猛地一愣，他“哎呀”一声，举起手拍了拍额头。佛前的灯一直燃着，他怎么却为找不到火石而烦恼呢！他自语道：“灯就是火！我怎么没想到呢？”他跑向佛前，问讯一下，捧起灯往厨房去了。

站在斋堂外的僧人对老僧恭敬合掌，老僧笑着微微颔首，轻轻走过。

源心、觉心站在道旁，也随众合掌肃立。老僧走过后，觉心悄声问知客僧：“这位长老是谁？”

“他就是慧开禅师啊！”

“啊？”觉心怅然若失。知客僧劝慰道：“明天早斋后，你们来客堂找我，我带你们去拜见师父。”

夜宿寺中，跟夜宿大梅山茅棚大不相同。相同的是，觉心与源心又度过了一个不眠之夜。

知客僧安排他们和一位行脚僧住在一起。这位行脚僧走南闯北，见多识广，说起禅门奇人逸事，简直如数家珍。

觉心问：“慧开禅师为什么号无门？”

“你问我，真是问对了人。”行脚僧笑着说，“说起来呢，慧开禅师就是杭州钱塘人，他少年时就在天龙寺出家参禅。天龙一指禅，你听说过吧？”

觉心茫然地摇了摇头。

“天龙禅师是大梅山法常禅师的弟子。别人向他请教佛法，他从不回答，只是竖起一根手指头。他的小徒弟学师父的样子，回答别人的提问，就竖起一根手指头。人们都说这个小徒弟修行很厉害。一天，师父问修行的事，小徒弟也是竖起手指头作为回答。师父拿起刀来砍掉了小徒弟的那根手指头，大喝一声：‘快告诉我，如何是佛？’小徒弟习惯性地举起指头时，却发现手指不见了，当下大悟。”

无门慧开画像

觉心问："这跟慧开禅师号无门有什么关系呢？"

"你别着急嘛。慧开禅师在天龙禅寺参禅数年，没能明心见性，他四处行脚拜访禅门的尊宿，来到月林禅师那里。月林禅师教他参'无'字公案，慧开禅师参了六年，却无门可入，没能参出个结果。"

"什么是'无'字公案？"源心插嘴问道。

"有一天，有人问唐代赵州禅师：'狗有没有佛性？'赵州说：'无。'问者感觉奇怪，又问：'佛说众生都有佛性，怎么你说狗没有佛性呢？'赵州说：'因为你有业识在。'参究赵州禅师所说的，便是参'无'字公案。"

觉心用心听着。

"冬去春来，晴日高照，大地皆春，天淡云闲。一天，午斋的云板一响，慧开禅师心中疑团顿时消失，他豁然有所省悟，随即说道：'青天白日一声雷，大地群生眼豁开……'他迫不及待地去找月林禅师印证。没想到，月林禅师大喝一声：'你在哪里见鬼啦？'"

说到这里，行脚僧停下来看了觉心一眼："如果有人这样问你，你怎么说？"

觉心摇了摇头。行脚僧一笑，接着说："慧开禅师当即对师父月林禅师回了一声大喝。然后，师徒二人相顾大笑。"

"慧开禅师开悟啦？"觉心欢喜地问。

行脚僧没有理会觉心，兀自说道："慧开禅师推开了禅悟之门，他从此就自号无门啦！”

三、人间好时节

早斋后，觉心与源心早早来到客堂等候。知客僧到来后，先带他们到大雄宝殿礼了佛，然后来到大殿后面的法堂前。

法堂门前，一左一右，挂着一副对联：“细嚼清风还有味；饱餐明月却无渣。”觉心看了一眼，默不作声背下来，心中有种莫名的欢喜。

知客僧示意觉心、源心在门外等待。他轻轻地敲了三下门，缓缓推门进去。

马上就要正式见到慧开禅师啦！接下来，会是怎样的场景呢？觉心有几分欢喜，又有几分忐忑。

等待中，与行脚僧夜话的场景，又浮现在他心头。

“无门慧开禅师可是禅门不可多得的人物！他修为高深，名声远播，为世人所钦敬。这座护国仁王寺建起来后，人们请老禅师前来住持。淳祐六年（1246），理宗皇帝请老禅师入殿讲法，龙心大悦。次年春夏之交，杭州大旱，民众叫苦不迭。朝廷祈雨多次，滴雨未落。皇帝想到了老禅师，诏请老禅师主法祈雨。要说起来，老禅师的道行真是深不可测。老禅师主法不久，空中便聚起黑云，法事还没有结束，天上就开始下起了蒙蒙细雨。皇城内响起一片欢呼：‘天降甘霖啦！’法事结束后，皇帝遣内侍来问：雨是下了，但不够大，什么时候能降大雨？老禅师说：夜间。老禅师叮嘱寺僧不可打扰，他闭门禅坐。当天晚上，大雨如同瓢泼一般，浙东浙西，普受甘霖，旱情顿解！皇帝圣心更悦，赐老禅师金襕袈裟一领，并御笔亲书‘佛眼禅师’，以表褒奖。”

行脚僧讲得绘声绘色，觉心当时就想：“愿我参禅未悟的干旱心地，能得到老禅师广大法雨的滋润！”

正想到这里，站在身畔的源心悄悄用手指碰了他一下：“怎么他进去了这么久还没出来？咱们还要等多久？再站下去，我可要睡着了。”

觉心有些惊诧，他感觉自己不过是刚到门前，虽然昨夜彻夜未眠，但他没有丁点儿的困倦。

古寺清晨，初日高照。觉心望向寺内，发现这护国仁王寺“曲径通幽处，禅房花木深”，真是个修行的好地方。“不知道我有没有福报，在这里留下来依止老禅师学禅？”他心怀忐忑。

为缓解内心的紧张，觉心放眼望去。旭日初升，阳光照亮了寺院外远处的高山，也照亮了寺院内外茂密的树木。就连寺中的花草，在阳光的照耀下，也睁开了慵懒惺忪的睡眼，在这个秋日的清晨一一醒来。

眼前所见，心中所思，让觉心坚定地相信：“老禅师一定会慈悲接纳我这个远来求法的弟子。”

法堂的门无声敞开。知客僧站在门外，微笑着点点头，轻声说：“请进。”

觉心、源心侧身进门。法堂当中的法座上，端坐着身搭大红祖衣的无门慧开禅师。觉心有些恍惚，感觉老禅师跟昨天见到的老僧似是而非，昨天见到的老僧亲切随和，今天见到的老禅师威严如狮。

觉心赶紧趴在地上，顶礼三拜。三拜后，他双膝着地，直起身子，双手合掌，眼睛盯着手指尖，朗声道："弟子二人前来宝刹向师父求法。"

老禅师问："你们从何而来？"

"远自日本国，近自大梅山。"

老禅师缓缓地问："远近皆不问。我且问你：老僧这里无门，你们是如何进来的？"

觉心感觉掌心微微有汗，他大声回答："弟子恰是从无门处进来的。"

"你叫什么名字？"

"弟子觉心，号心地。"

"心地觉心，嗯。"老禅师微微点头，随即说道，"心即是佛，佛即是心；心佛如如，亘古亘今。"

说完，老禅师沉默不语。过了一会儿，他又突然开口："觉心，你明白了吗？"

觉心跪在地上，膝行向前。他抬头凝视着无门慧开禅师的脸庞，回复道："弟子谨记师父开示：求道修道，不离此心。"

老禅师面露微笑，他对知客僧说："先安排他们在这里住下吧。"

老禅师脸上的笑，让觉心想到了客堂里那尊观音菩萨。他大着胆子说道：“师父，弟子也有一问。”

老禅师点了点头。

“请师父开示：怎样才能参透‘无’字公案？”

老禅师缓缓地说：“这个‘无’字，当年把老僧困了六年。若言语能传递禅心，何须参究？唉，饱谙世事慵开口，会尽人情只点头。莫道老来无伎俩，更嫌何处不风流。你看这个——”说着，老禅师从眼前的供盘里拿起一只皮色鲜红的大石榴：“这是什么？”

“石榴！”

“是酸，是甜？”

觉心想，只看外皮，无法判断石榴酸甜。

他正犹豫，耳畔传来老禅师的话：“这‘无’字公案，就像老僧手里的石榴。是酸是甜，你要尝一下才能知道。”

“还请师父慈悲，给弟子指出参究之法。”

老禅师说：“老僧当年参‘无’字公案，读《赵州录》，有感于南泉和尚答赵州问平常心是道，写过一首诗偈：‘春有百花秋有月，夏有凉风冬有雪。若无闲事挂心头，便是人间好时节。’今日老僧把这首诗偈送与你，慢慢参究吧。好啦，别在地上跪着啦，你俩起来吧。”

源心听了，从地上爬起来。觉心又趴在地上，顶礼三拜，才起身站起来。

老禅师走下法座，拉着觉心的手说："你来得迟了些！老僧年已七十一岁，余下的时间不多啦！不过，看到你来了，我很高兴。"

老禅师左手牵着觉心的手，右手展开一把扇子，说："你看。"

觉心还没看清扇子上有什么，老禅师啪地把扇子放到供案上，问他："你看到了什么？"

觉心说："一切有为法，如梦幻泡影。"

老禅师说："觑个觑底。"

说完，老禅师拿笔在纸上写下这四个字。觉心正思量这四字的意思，老禅师用笔把"个觑底"三字圈掉了："后面三个字都不要，你只要记住这个字就够了！"

"觑"就是看！看，就要看到底！看到底是什么？——观自在！

那一刻，觉心感觉心中一片空明。更嫌何处不风流？呵呵，当下一刻，"便是人间好时节"！

四、尺八与吹禅

源心陪觉心在护国仁王寺住了两天，便离开了。那天清晨，早斋后，源心和行脚僧相伴走了。觉心送他们到山门外，坚定地转身回来，他决心留在无门慧开禅师身边参学。

五年前，初到径山寺，获知无准师范禅师圆寂那一刻，觉心感到了绝望，如今能亲近无门慧开禅师，他可不想再错过。

早晚参禅，余暇作务。这个日本僧人做起事来，态度认真，手脚勤快，很快融入寺院僧团中。有些脏活累活，比如清理厕所、往菜田运粪，他都抢着干。

慧开禅师让知客僧试探觉心："你抢着做这些，师父根本看不到。"

觉心笑着回答："我不是做给师父看的，我是做给佛菩萨看的。"

慧开禅师听到知客僧的转述，微笑不语。

一天清晨，觉心在大殿前扫地时，知客僧走过来告诉他："觉心师，师父请你去法堂。"觉心把扫帚、簸箕放归原位，匆匆往法堂而去。

老禅师见觉心进门，劈头问道："觉心啊，你在寺中爱干活，可老僧听到有人背后说是道非。你怎么看？"

觉心想，师父提这是非关，是勘验他的道心，他躬身答道："师父，弟子以为这是非关，无非四种情境：第一，有是有非不可；第二，无是无非又不可；第三，是是非非也不可；第四，非是是非亦不可。"

老禅师哈哈大笑："能识破这四境，你已过了是非关。"

老禅师让觉心陪他在寺中散步经行。出了法堂门，沿路来到大殿前，觉心看到，殿门外的蒲团上，长跪着一个人，他将一根褐色竹管举至唇边，作势要吹。见老禅师走过来，这人放下手中竹管，起身施礼。

“张参，你又要向诸佛菩萨供养吹禅吗？”

觉心看出来，老禅师和这位张参居士很熟悉。他纳闷的是禅怎么可以吹呢？

张参合掌对老禅师躬身施礼后，又跪到蒲团上，把竹管举至唇边。

一段呜咽如流水的声音，从蒲团那边传过来。觉心细听，这声音似笛，但不似笛声清越；又似箫，却没有箫声明亮；在这声音中，洋溢着超脱尘世的洒脱和淡定，隐含着清幽，但不幽怨，满怀空寂，却不孤独。

“哦！老禅师说的吹禅，就是这个吧！太奇妙了！这竹管怎么会吹出这样动人的曲子！”觉心听着，像参禅入定一样一动不动了。一曲终了，慧开禅师轻轻拍了拍觉心的肩膀。觉心方才如梦初醒。

那天上午，觉心弄清楚了两件事：一是张参所吹竹管，非笛非箫，因竹管长一尺八寸，名叫尺八；二是张参在大殿前吹奏的那段令他如入禅定的曲子，是张家祖传的《虚铎》。

“师父，为何这曲《虚铎》能引我入虚空之境？”

慧开禅师说：“这个说来话长。你知道禅门临济宗的开山祖师临济禅师，你可知道当时谁协助临济祖师教化众生吗？”

看觉心一脸茫然，慧开禅师从头说起。

南宋护国仁王寺遗址

唐宣宗大中年间，高僧普化在河北正定协助临济禅师弘扬佛法。普化禅师居无定所，夜伏荒冢，昼行街市，在世人看来如疯似癫。普化禅师喜欢一边振铎（大铃，古代乐器），一边说唱："明头来明头打，暗头来暗头打，四面八方来旋风打，虚空来连架打。"一位来自河南府的佛门居士张伯，喜欢听普化禅师振铎作唱的声音，想拜师学艺，被普化禅师一口拒绝。无奈之下，喜欢吹笛的张伯就削竹制管，模仿铎音，将禅师的唱曲名为《虚铎》（后世称作《虚铃》）。

《虚铎》是古来唯一传世的尺八曲。张家子孙世代传承，传到了第十六代张参这里。由于北方战乱不断，张参只身来到杭州，在护国仁王寺随无门慧开禅师参禅。

觉心要过张参的尺八，拿在手中仔细地看了一圈。张参告诉觉心："尺八共有七个孔。上孔为吹孔，代表天；下孔为气孔，代表地；管身正面的四个孔，代表着水、火、风、合，管背上一孔代表空。"

觉心赞叹说："佛说世界由地、水、火、风四大元素和合而成。没想到，这根尺八长的竹管，竟然也是佛门法器。"

在那一瞬间，觉心决定要跟张参学习吹奏尺八，他问道："尺八好学吗？"

"会了就不难。"

觉心一愣，看来这尺八真是"吹禅"，张参所说不正是一句禅语吗？然而此刻，觉心还有一个困惑，他请教老禅师："僧人吹尺八是否犯戒？"

老禅师说："禅门讲：正人行邪法，邪法亦正；邪人行正法，正法亦邪。吹尺八是不是犯戒，要看你吹尺八目的是做什么。"

看到觉心脸上犹有一丝困惑，老禅师进一步说："《妙法莲华经·方便品》中讲'若使人作乐，击鼓吹角贝，箫笛琴箜篌，琵琶铙铜钹，如是众妙音，尽持以供养，或以欢喜心，歌呗颂佛德，乃至一小音，皆已成佛道'。只要发心利益众生，一切音声皆为佛事。"

觉心当下释然。

"若把尺八视作法器，吹奏便同坐禅一般，以一音供养诸佛，吹破迷蒙，济度众生，超越烦恼。这就是老僧说的吹禅。"

同在无门慧开禅师座下参学，看觉心虚心求教，张参便毫不保留、手把手地教他。四个月后，觉心掌握了"吹禅"的全部技巧，能用尺八完整吹奏《虚铎》供养诸佛菩萨了。

宝祐二年（1254）三月廿七日，觉心向无门慧开禅师禀告归国之意。老禅师说："三日之后再动身吧。"

三月廿九日，觉心前来告别。老禅师在佛前拈香，把禅门达摩、寒山、拾得三位祖师像及一纸印可状交到觉心手中。

印可状上写道："心即是佛，佛即是心，心佛元同，亘古亘今，觉悟古今心是佛，不须向外别追寻。日本觉心禅人远来炷香请益求语，迅笔赐之。御前护国禅寺开山选德殿赐对佛眼慧开书。"

觉心对老禅师说："弟子为修学禅法，不远万里渡海来到大宋国，前后六年，历遍各地，终于有缘在您座下对禅法有所会心。离别之际，想恩师年过七旬，不知什么时候还能再相见！"

觉心泪流满面，对老禅师顶礼三拜，伏地不起。

"在此土，在佛国，何时见面都无妨。"老禅师说着把觉心拉起来，又从供桌上拿起一册书递到觉心手上，"佛语心为宗，无门为法门。老僧自号无门，这卷《无门关》，是老僧一生心血所在。你把这本书流传到日本去吧，愿世人都能从这里进入禅门。"

参考文献

1.〔宋〕慧开禅师：《无门关》，佛门流通本。

2.［日］村上专精著，杨曾文译，汪向荣校：《日本佛教史纲》，商务印书馆，1999 年。

3. 孙以诚编著：《中国尺八考——中日尺八艺术研究》，西泠印社出版社，2011 年。

4. 冯学成：《中峰明本禅师传》，电子文本。

5. 马时雍：《杭州的寺院教堂》，杭州出版社，2004 年。

第十章

西天目山：中峰禅师，江南古佛

【西天目山】

西天目山，位于杭州临安境内。自晋代始，便有僧人于山中垒石为室，结茅为庐，隐居禅修。历唐、宋、元、明、清诸朝，相继建成狮子正宗禅寺、大觉正等禅寺、禅源寺等四十余所寺庵。

元代，高峰禅师入西天目山狮子岩苦修，与其徒中峰明本于元至元二十年（1283）创建狮子禅院（即狮子正宗禅寺，今称开山老殿），西天目山成为江南地区新的佛教中心，日本、朝鲜等国僧人纷纷前来参学。

本章以元代中峰明本禅师住持狮子禅院为背景，描述了当时的名士赵孟頫、冯子振入山参访的故事。

玉殿琼楼，金锁银钩。总不如、岩谷清幽。蒲团纸帐，瓦钵磁瓯。却不知春，不知夏，不知秋。　　万事俱休，名利都勾。翼攀缘、永绝追求。溪山作伴，云月为俦。但乐清闲，乐自在，乐优游。

——〔元〕中峰明本《行香子·山居》

一、无门禅师是前身

元至大元年（1308）六月，赵孟頫与翰林学士冯子振结伴上天目山狮子院拜访中峰明本禅师。曲折的山路，竹林遮径，竹影满地。

昨夜山间有雨，石径湿滑。昔日大宋国的旧王孙、如今的大元江浙儒学提举赵孟頫，举足落足，每一步都走得小心翼翼。

冯子振嫌赵孟頫走得太慢，他快步走到前面去："子昂兄，此山为何名叫天目山？"

"这山东、西两峰，峰顶各有一池，清莹如目，仰望苍穹，经年不涸。天目之名，因此而来。"

山路两侧，古杉、古松、古枫、古银杏，比比皆是。山高处，绝壁夹峙，峭岩突兀，横亘天际；峡谷中，巨石堆砌，山溪奔流，泉声溅玉。树高处蝉鸣起伏，脚底下日影斑驳。

天目山

山间掠过一缕清风，冯子振顿觉身心轻爽。这位御前待制、翰林学士、诗人停下脚步，他转过身对赵孟頫感慨道："青皋丽已净，绿树郁如浮。子昂兄，这天目山不愧是江南奇山！山有千重秀，林木十里深。我好像明白中峰禅师为什么隐居于此啦！"

赵孟頫汗流浃背，早想歇息一下，但他为人极有耐性，冯子振不停下来，他绝不肯先开口说。此刻，见冯子振停下脚步，他也驻足小歇。

举目四望，这山中的景致，飞泉、奇石、云峰、古树，哪个不是他赵孟頫喜欢的呢？他虽然听到自己心底传来一声叹息，却抬脸对冯子振浅浅一笑："海粟兄，我是没有福报啊！若不是尘缘相累，我也愿追随中峰禅师隐居山中！"

"子昂兄，你就这样想一想算啦！当今圣上经常提到你，将兄比作唐朝的李白、宋朝的苏轼。圣上说你操行纯正，博学多闻，不但书法绘画超凡绝伦，还通晓佛道要旨，是别人无可比拟的。你说，圣上会同意你隐居吗？哈哈，依我看啊，恐怕过不了多久，你就要回大都去任职啦！”

赵孟頫听着轻轻摇了摇头。

说到大都，冯子振更兴致盎然，他根本没看到赵孟頫在轻轻摇头，自顾自地说道：“子昂兄，你或许不知道吧，圣上命人将兄、管夫人及兄府上二公子赵雍的书法用玉轴精装，钤上御印藏于秘书监。圣上说：‘我要让后世知道我朝有一家夫妇、父子都善书！’嘿嘿，我可是盼着子昂兄早回大都，咱们兄弟同在朝中，诗酒生涯，岂不乐哉？”说着，他开怀大笑。

赵孟頫莞尔一笑，他没说什么。

上坡的路难走，越往上走，赵孟頫越觉身体沉重，脚步更加缓慢。山路上只他二人，除了他们踩踏石径的脚步声，山中一片静谧。赵孟頫抬起头，前面的山路好似没有尽头。唉，既然来了，就坚持走下去吧！他坚韧地迈动着双腿，继续前行。

林深路幽，山静如太古。走到半山腰时，山间的清凉逼退了二人身上的热汗，也令两颗烦躁的心得到些许宽慰。冯子振、赵孟頫不约而同停下脚步，二人对视了一眼，几乎同时开口：“没想到，这天目山竟然是清凉世界！”

心意如此相通，惊讶之余，彼此不免满心欢喜。

冯子振说：“子昂兄，你与中峰禅师有如此深的缘分，或许与兄前生也是出家人有关。”

世间传闻，赵孟頫的母亲丘夫人临盆前，梦见一位僧人敲门前来求宿。赵孟頫十二岁开始抄《金刚经》，平素也喜欢与僧人交往，可谓佛缘深厚。

赵孟頫说："前生的事，谁说得清呢？唉，要说我，即便前世为僧，想来也不过是个无名之徒。哪里比得上中峰禅师，他前身可是大名鼎鼎的无门慧开禅师呢！"

"有这样的说法？"冯子振兴趣十足。

"中峰明本禅师，俗姓孙，是杭州钱塘人。据说他出生的前夜，母亲李氏梦中听到有人敲门。李氏问：'谁啊？'门外无人应声，敲门声也随之停歇。李氏想，大概是我听错了。可过了一会儿，敲门声又响起来。李氏下得床来，心想：'大概是深夜投宿的吧。'开门一见，她又惊又喜！门外站的，竟是她的皈依师父护国仁王寺的无门慧开老和尚。老和尚手持一盏灯笼，微笑地看着她……"

"哦！这也太神奇了吧！"冯子振有些不敢相信。

"次日清晨，李氏临盆，生下一男儿，鼻直脸方，神色庄严。她和夫君说起这个梦，二人都觉得不可思议。这幼儿离开襁褓后，便喜欢盘腿而坐；学会说话时，就嗯嗯啊啊如唱梵呗。海粟兄，我再给你讲点更神奇的！"

冯子振点了点头，用心往下听。

"大宋淳祐年间，江南大旱，百姓心焦。应理宗皇帝之旨，无门慧开禅师登坛诵经，当晚便祈得灵雨，救度了天下的饥荒。皇帝赐号佛眼禅师。禅师平素习静居山，行止与常人无异。要说呢，禅师也有异于常人之处，那便是他法躯短小。每次上堂说法，禅师要脚踩矮凳才能爬上法座。法会上的僧众，见此情景，不免掩口窃笑。禅师感慨于此，请人在后山开凿了高约丈余的佛像。他在佛像前发愿：若后世有身，愿高大如此。”

冯子振说：“如此说来，佛法真是不可思议！中峰禅师身材高大，竟有此前因！”

“这人间便是这样因因果果，轮回不休。能生而为人，我们又各有因缘。中峰明本禅师是乘愿再来的菩萨，他此生潜心修行，弘法利生，方向明确。我是被业风吹着跑的凡夫，来人间走这一遭，不过是历劫消业而已。”

对赵孟頫所说的历劫消业，冯子振颇有同感。

赵孟頫才高名重，身份也非同小可。他是前朝大宋开国皇帝宋太祖赵匡胤的第十一世孙，虽生活在湖州，却是血脉纯正的皇室王孙。

宋元鼎革之际，赵孟頫没有像他同宗兄弟那样壮烈殉国，也没有做耻食周粟的遗民，他隐居乡野，拒不出仕。至元二十三年（1286），行台侍御史程钜夫奉诏搜访隐居江南的宋王室遗民，得二十余人，赵孟頫名列其首。而后，他被单独引见入宫，觐见元世祖忽必烈。

元世祖见赵孟頫才气豪迈，神采秀异，如神仙中人，非常喜欢，让他坐在右丞相叶李的上首。皇帝越是给予礼遇，赵孟頫越是不安。他出仕为蒙元之臣，在天下读书人看来，是大亏名节。赵孟頫被人戳脊梁骨在所难免，他只好用“历劫消业”来安慰自己。

二、九言梅花咏

冯子振看得很清楚，这位“子昂兄”赵孟頫，仕元之后，一直活在纠结、矛盾之中。看来，人的名和字，不能随便取啊！像赵孟頫，名中的“頫”（读作“俯”），指俯首、低头；字“子昂”，“昂”却是举首、抬头。“昂”与“頫”，恰恰相反，赵孟頫到底该俯还是该昂呢？

山中道上，冯子振一时找不到合适的话安慰老友，他只好岔开话题：“子昂兄，你和中峰禅师是怎样相识的？”

赵孟頫入大都觐见元世祖忽必烈，被赐为翰林院学士承旨。元世祖为表示优礼汉人旧臣，原打算让赵孟頫参与朝中政事。赵孟頫自忖为大宋宗室遗民，不宜入新朝掌管机要，故而一再推辞，请求外任。

大德三年（1299）八月，赵孟頫出任江浙儒学提举。江南士子一时额手称庆说：“都说新朝不重文治，视江南士子如无用之物。赵公来主持江南文政，必当会有一番新气象。”然而，大元只重武功，轻忽文事，根本无意科举，赵孟頫虽任儒学提举，却形同虚设。

赵孟頫本无心功名，虽置身官场，他只求明哲保身。回到江南后，他除了与江浙行省的大元权贵们偶有应酬，便是到佛寺参礼，结交禅门高僧，消解心中块垒。

回到江南后，赵孟頫也曾去拜访族兄赵孟坚。赵孟坚见到他便是一通讥讽。言不投机，赵孟頫只好起身告辞。他刚站起身，赵孟坚就叫来仆人把赵孟頫坐过的椅子搬到庭院中冲洗了一遍。

赵孟頫愣怔地望着族兄，万语千言涌向心头，他张了张嘴，却终无言而去。

听说中峰禅师在湖州幻住庵隐居修行，赵孟頫前往拜访。他想请教这位禅门高僧何以解除心中的困惑。

虽是初次相见，见到中峰禅师时，赵孟頫却有久别重逢之感。未等他开口，中峰禅师粲然一笑说："所以动心忍性，增益其所不能。"

如春阳消融冰雪，赵孟頫心中的困惑顿时没了踪影。这位禅师虽然年龄比他小九岁，其智慧、修为之高深，却令他刮目相看。

赵孟頫说："弟子平生承祖上的阴德，没受到饥寒的逼迫，读了一些书，不过粗解大意而已。虽然修学佛法，却有时向前，有时向后，没有自己的见地，别人说东道西，我都随喜赞叹。"

中峰禅师说："不要随别人说东道西，自己要有主心骨！人在世间，只有生死事大，其余都是小事。修学佛法，参须实参，悟须实悟。参禅要有三种心：第一要有大信心，第二要有了生死心，第三要有不退转心。有信心，就不会困惑；生死心切，就能进入禅修；心不退转，就能决定成就。有了这三种心，日常生活也是修行处。"

对禅师所说的"参禅三要"，赵孟頫当即铭记于心。

回到家中数日间，赵孟頫一直沉浸在禅师开示的情境中，感觉受益匪浅。给中峰禅师写信表达感恩时，他写道："以前的五十年，简直无有是处，弟子深自悔恨。希望师父慈悲，时时寄声提醒。"

这封信，就是后来传世的赵孟頫书法精品《佛法帖》。

冯子振说："这么算来，子昂兄亲近中峰禅师已有十余年啦！兄可真是大福报之人！想来我能结识禅师，还是托兄的福呢。"

冯子振，字海粟，自号怪怪道人，攸州（今湖南攸县）人，曾官承事郎、集贤待制，是当时的散曲名家。他博览群书，文采超群，与赵孟頫是好友。

当年，冯子振见赵孟頫对中峰禅师赞赏备至，大不以为然。

一日，赵孟頫硬拉着中峰禅师去拜访冯子振。冯子振拿出了他那卷轰动诗坛的诗集《梅花百咏》，嘴上说"请禅师赐教"，神情中却流露出几分炫耀与傲慢。

这册《梅花百咏》，是冯子振以梅花为主题所写的一百首律诗。在他笔下，古梅、疏梅、孤梅、瘦梅……姿态各异，色彩缤纷；忆梅、探梅、问梅、友梅……又写得意境悠远，禅味隽永；溪梅、野梅、僧院梅、茅舍梅……景致幽雅，赏心悦目；月梅、风梅、照水梅、纸帐梅……情趣盎然，令人目不暇接。

冯子振和赵孟頫在茶桌前谈笑风生之际，中峰禅师不但把《梅花百咏》看完了，还走笔唱和了一百首诗。冯子振原诗百篇常有出奇制胜之句，中峰禅师的唱和之作也绝非应酬，他写得清新自然，富有禅趣。

冯子振的梅花诗隐含着他对世间功业的追求，中峰禅师的唱和诗却纤毫不染，全无俗情，他以佛法的无常、无我、苦、空作觉照，裁冰镂雪。

赵孟頫拿起桌上的诗稿，先读了《梅花百咏》中“纸帐梅”，“溪藤十幅簇春温，时有清香入梦魂。多少罗帏好风月，不知消得几黄昏”，又拿起中峰禅师的唱和篇：“春融剡雪道人家，素幅凝香四面遮。明月满床清梦觉，白云堆里见疏花。”

一边读，赵孟頫一边频频点头：“海粟兄，你和禅师真是梅花知己！”

冯子振讪笑着背过脸小声说：“子昂兄，你不觉得，这是照猫画虎吗？”说完，他转身对中峰禅师说：“可否请禅师写一首，我来唱和一下呢？”

中峰禅师一笑回到桌前，不假思索，笔走龙蛇。看禅师搁下笔，赵孟頫拿起诗稿。

中峰禅师写的是一首《九言梅花咏》：“昨夜西风吹折千林梢，渡口小艇滚入沙滩坳。野桥古梅独卧寒屋角，疏影横斜暗上书窗敲。半枯半活几个撅蓓蕾，欲开未开数点含香苞。纵使画工奇妙也缩手，我爱清香故把新诗嘲。”

听赵孟頫轻轻读完，冯子振悚然一愣，他感觉这首诗自己无法唱和。

禅师敏捷的诗才，令他深为叹服。冯子振为自己轻视禅师心生忏悔，快步走到中峰禅师前，躬身作礼。

赵孟頫笑着说：“寒夜客来茶当酒，竹炉汤沸火正红。寻常一样窗前月，才有梅花便不同。前人杜小山写这首诗时，是不是他预见到了今日？”

此时，走在天目山路上，冯子振提到托赵孟頫的福，自然也想到了中峰禅师的诗，他说：“中峰禅师的才情，真是超凡脱俗！”

唱和《梅花诗》后，冯子振与中峰禅师遂成知己。后来，中峰禅师在苏州建幻住庵时，冯子振与赵孟頫闻讯前往帮工。冯子振和泥，赵孟頫搬砖，中峰禅师涂壁，建成草堂三间，一时传为佳话。

三、狮子岩下狮子院

山林清且寂，人置身其中，时间一长，身清凉，心亦从容。冯子振不知不觉慢下了步伐。他和赵孟頫并肩缓行着。

“子昂兄，我一直有个困惑：中峰禅师有时栖身山林，有时隐身草庐，有时随船而居，为什么他所住之处都叫幻住庵呢？”

赵孟頫说：“这个，我也曾问过禅师。他说人间经历的一切都如梦如幻，无非随缘自遣，他以‘幻住’二字提醒自己，此生只有一个目的：潜心修行，解脱生死。”

“既然处处随缘自遣，可我听说江浙行省丞相脱欢请禅师住持杭州灵隐寺，禅师却拒不接受，跑到这天目山中来啦！这又是为何？”

“海粟兄，这个问题，兄可在见到禅师时直接问他。我隐约记得，当时禅师给脱欢丞相留了一首诗：千金难买一身闲，谁肯将身入闹蓝？寄语杭城脱宰相，铁枷自有爱人担。”

天目禅院

冯子振笑着说：“名刹住持之位，佛门中人哪个不向往？中峰禅师却避而远之。子昂兄，你知道我自号怪怪道人，我觉得自己和禅师相比，只能算是小怪见老怪啦！”

赵孟頫没有笑，他庄重地说：“禅师遁迹山野，隐名而居，却每每被僧俗争相瞻礼，尊之为‘江南古佛’。禅师说，参禅一事，要敌生死，需要静静地、秘密地做向前去。若染杂世缘，则会心多妄念，容易随物转、逐境移，反倒是成道之障。禅师不是逃避什么，他是不喜应酬，自愧人前百不能而已。”

不知不觉，二人走到半山腰间。在这里，山路忽然下行，下坡走了四五十级台阶，遇到一块挡道的巨石。冯子振抬头一看，前方山路左侧有巨岩雄踞。巨岩突兀，像高昂的狮子头，仔细看，还能识辨出狮子的眼睛和耳朵。巨岩凹处，酷似狮子张口。狮子口下，是断崖深谷。

冯子振问道：“子昂兄，这就是传说中的狮子岩吧？”

赵孟頫抬头看了，合掌胸前，对着狮子岩躬身作礼。他说：“海粟兄，方才兄问中峰禅师为什么喜欢天目山，我一时答不上来。看到这狮子岩，我忽然有了答案。”

冯子振耐心地等着下文，赵孟頫却良久不语。冯子振说：“子昂兄，你卖什么关子呢？”

赵孟頫像是理清了思路，从容说道：“常言说‘名师出高徒’。中峰禅师的成就，是在高峰禅师座下陶冶出来的。高峰禅师风骨卓绝，通古今之变，他革除佛门积弊，一生苦行，以真修实证一扫宋代禅门的富贵气和文弱气，令禅门耳目一新。晚年，高峰禅师逃避名利之累，离开杭州净慈寺，来到西天目山闭‘死关’。他垒石为室，结茅为庐，就在狮子岩下的山洞里参禅打坐了十五年，直到圆寂，他老人家都没再下过山。”

赵孟頫提到的高峰禅师，在“死关”中禅修，不洗澡，不剃发，以捡来的残瓮当作锅用，每天只在中午吃一次饭，其余时间，安心禅坐。

俗家姓孙的中峰禅师第一次从杭州来天目山亲近高峰禅师时，只有十五岁。合是师徒有缘，高峰禅师平素孤峻严冷，待人接物从未启齿而笑，但他一见中峰，便十分欢喜，当即要收徒剃度。

中峰回禀高峰禅师：“此事须征得家父同意。”

中峰回杭州时，高峰禅师提醒他：“世间情感固然要尊重，但不可沉溺其中。”

父母相继故去后，二十四岁的中峰来到天目山，追随高峰禅师，在狮子岩东侧的狮子禅院剃度出家，法号明本。

明本给高峰禅师作侍者，随侍左右。一天，他读《金刚经》时，心有所悟。但他很清楚，这只是依文解义，并非真正的禅悟。

二十七岁时，明本偶观山中流泉，“崖悬有轴长生画，瀑响无弦太古琴”，又欣然有悟。他兴冲冲地找高峰禅师印证，却被师父打了出来。

不久，山下传闻：大元朝廷征选童男童女到东北去做奴婢。明本问高峰禅师：“如果有人来向和尚讨童男女，怎么办？”高峰禅师举起手中的竹篦子，从容地说：“我拿竹篦子给他。”

明本听了，豁然有悟。

这一次，明本没挨打，还得到高峰禅师一幅画像。高峰禅师在画像上题了首诗：“我相不思议，佛祖莫能视。独许不肖儿，见得半边鼻。”

随后不久，高峰禅师对徒众说：“明本已堪作人天师范，你们在禅修上遇到什么问题，可向他请教。”

明本随侍高峰禅师十余年，白天劳作，夜晚习禅，他精进修行，十余年间，胁不沾席。

有人问高峰禅师：“在您座下的诸多弟子中，谁最优秀？”

高峰禅师说："明本就像上林苑竹林中破地而出的一竿新竹，他日成材，前途不可限量。"

元贞元年（1295）十二月，高峰禅师示寂。临终前，高峰禅师嘱咐明本继任狮子禅院住持一职。明本却认为自己没有做住持的德行，他推荐师兄祖雍法师出任住持。

高峰禅师安葬后，明本悄然离开天目山，隐没乡野间，游化于江南各地，他行事内敛，不慕世名，从此自号中峰禅师。

大德九年（1305），中峰禅师回天目山为高峰禅师守塔，临时接任了狮子禅院住持一职。

中峰明本禅师在江南久负盛名，被民间尊称为"江南古佛"，这也引起大元朝廷的关注。当时尚为太子的元仁宗赐号中峰禅师"法慧禅师"，御前待制、翰林学士冯子振此行入山，便是前来相告此事。

走过狮子岩，树林掩映的狮子禅院，隐约可见。冯子振笑着问道："子昂兄，既然这狮子岩下有狮子禅院，我们能否听到狮子吼呢？"

四、狮子吼

狮子禅院分为上下两层。下层底部与地面之间有半米左右的距离，以隔断山地的潮湿之气。下层中间是一间略大的房间，可供僧众集中坐禅；两旁的房间分别作为厨房和库房。

狮子禅院建筑极为简朴，纯为修行而设，没有富丽堂皇的大殿，也没有金碧辉煌的佛像，更没有高大雄伟的藏经楼。可就是这里，两代禅门宗师使得西天目山成为江南禅宗中心。

禅院的静寂让冯子振不由自主地压低了声音，他对赵孟頫说：“子昂兄，这狮子禅院，跟《百丈清规》记载的一样，不立佛殿，唯树法堂，颇具古风。”

这时，一位小僧走到二人跟前，合掌当胸问：“是赵相公和冯相公吧？师父让我来引领二位到禅房去。”

冯子振惊愕地小声问赵孟頫：“你提前和禅师通报了我们要来吗？”

赵孟頫摇了摇头，他也颇觉诧异。

小僧在前面引路，三人脚踩木梯上到二楼。禅院上层，被分割为几个房间，小者仅容一二人居住，大者诸床相连。走到中间房门前，小僧悄然退下。

冯子振上前叩门。

房间里传来问话声：“门外何人？”

“天下有名冯海粟。”冯子振说着掩唇而笑。

房间里传出回应的笑声：“海粟兄、松雪兄，快请进吧。世间难比老中峰，恭候尊驾多时啦！”

禅室逼仄，没有床，中峰禅师背窗坐在蒲团上。在他面前，一左一右，提前放置了两个蒲团。蒲团前的木地板上，三只白瓷盏里，各有一瓯清茶。

见到中峰禅师，赵孟頫感觉亲切，又有几分拘谨。虽然中峰禅师比他年少九岁，但一想到他是无门慧开禅师的后身，又觉得他清澈如水的目光深不可测。

冯子振说明来意。中峰禅师恍若无闻。大元皇室赐号虽令禅师名声大噪，但禅师于此无心。

冯子振有些尴尬，中峰禅师微微一笑说：“海粟兄啊，于我看来，名即是祸。我又当遁迹而隐啦！”

冯子振不知道该怎么接话，他岔开话题说：“禅师，我读您的《怀净土诗》时，感觉这一百零八首诗，就是一串一百零八颗的念珠。念念中有佛，而实无所念，于是念念清净；念念之中即是净土，于自心底，得见阿弥陀佛。”

中峰禅师说：“海粟兄，佛经是真金，幻住这些诗，不过是黄铜。兄误把黄铜唤作金，反会落入所知障里。所以禅门总是脱略文字，以心传心！”

冯子振沉吟片刻，又对中峰禅师说：“有缘的人读到禅师的诗，即便没有对净土生起信心，也会获福无量。”

中峰禅师摇了摇头，缓缓说道：“海粟兄，莫这样说，这《怀净土诗》有什么长处？我自惭参禅禅未明，学道道何悟，写诗只为赞佛净土，切莫为佛门增加笑料。”

冯子振指着坐他对面的赵孟頫说：“禅师，子昂兄亲笔抄写了您的《怀净土诗》，刻于碑石，令人学习呢！”

中峰禅师对赵孟頫合掌称谢：“幻住这些诗文，又怎敢累及相公施以碑石？”

元代中峰明本像

赵孟頫说："师父切莫过谦。想这人间众苦集聚，人若不心怀净土，还能期望什么？师父的诗，像'迷时无悟悟无迷，究竟迷时即悟时。迷悟两头都拽脱，镬汤元是藕花池'，弟子迷茫时读了，心随之轻快。又如'浊水尽清珠有力，乱心不动佛无机。眼前尽是家乡路，不用逢人觅指归'，弟子读后，妄心不起，不再向心外求什么。再如'通身浑是古弥陀''跳出娑婆即是家'，给弟子增添不少信心。不然宦途险恶，弟子又是赵家后人，日日惕惧，这日子怎能过得安稳？近年来弟子心能稍宽，实是师父的加持。"

冯子振知道，赵孟頫这番话，句句都是实语。

中峰禅师说："相公如此嘉言，幻住还能再说什么。望相公长存此心，若能将此体会巩固于心，自然眼前尽是家乡路，当下身在净土中。"

赵孟頫合掌回禀道："弟子沉浮于苦恼海中，念念漂泊，如今承蒙师父开示，心有个安处，定当信受奉持。"

中峰禅师沉默了一会儿，又对赵孟頫说："古人修学才艺，目的是悟道；如今的人空负学道之名，反执迷于学才艺！才艺岂是悟道的门径？唉！今日所谓的学道者，根本没有发起了生死的真切心！不好好修行，以为才艺是修行，一来浪费大好光阴，二来增长我慢，想来真是可惜！"

赵孟頫说："师父所言字字皆实，对弟子来说，恰如暗室里的薪烛、迷途者的向导，这也是弟子应该吃紧用力下功夫的地方。"

"赵相公以才艺为世人称许，正好转书画为道用，幻住以为，不妨多抄些佛经，广结善缘。"

赵孟頫深深点头，口中称道："弟子谨记。"

中峰禅师拿起蒲团前的茶盏："二位相公，远道来访，请吃盏山中的野茶吧。"

赵孟頫拿起茶盏小啜两口，好似入芝兰之室，唇齿之间余馨无尽。他赞叹说："师父这里不仅有禅，还有好茶！"

中峰禅师呵呵一笑："赵相公若喜欢这茶，可抄《心经》来换。"

〔明〕仇英《赵孟頫写经换茶图》（局部）

冯子振放下茶盏，语气恭敬地说："禅师，我有一问：世间人心叵测，我等当如何分辨世间的真假善恶？"

中峰禅师说："海粟兄，你且说说看。"

冯子振说："打人骂人是恶，敬人礼人是善。"

中峰禅师摇了摇头："未必。"

赵孟頫说："贪财妄取是恶，廉洁有守是善。"

中峰禅师定睛看了他一眼说："也未必。"

冯子振与赵孟頫又举了一些有关善恶的例子。中峰禅师均摇头说：“都未必。”

二人不知所措，一同请教判断真假善恶的标准是什么。

中峰禅师说：“有益于人是善，有益于己是恶。只要有益于人，打人骂人也是善；如果只有益于己，敬人礼人也是恶。就说人人都做善事，利人是出于公心，有公心便是真；利己是出于私心，有私心就是假。不妨以此来判断真假善恶吧。”

禅师这番话，对冯子振与赵孟頫，如听狮子吼，有振聋发聩之感，二人心胸也豁然开朗了许多。

这时，中峰禅师又拿起茶盏：“西天目顶望钱塘，佛与众生共一航。六月火云飞白雪，是谁触热是谁凉？呵呵，二位相公，幻住这里，除却这一盏山茶，没有什么好招待的！惭愧惭愧，再请吃茶。”

参考文献

1. 纪华传：《江南古佛：中峰明本与元代禅宗》，中国社会科学出版社，2006 年。

2. 释有晃：《元代中峰明本禅师之研究》，台北法鼓文化出版公司，2007 年。

3. 吴之鲸：《武林梵志》，载赵一新主编《杭州佛教文献丛刊》，杭州出版社，2006 年。

4. 马时雍：《杭州的寺院教堂》，杭州出版社，2004 年。

5. 赵宪允：《赵孟頫与中峰明本禅师交游考——以〈赵文敏与中峰十一帖〉为重心》，《湖州师范学院学报》2015 年第 9 期。

丛书编辑部

艾晓静　包可汗　安蓉泉　李方存　杨　流

杨海燕　肖华燕　吴云倩　何晓原　张美虎

陈　波　陈炯磊　尚佐文　周小忠　胡征宇

姜青青　钱登科　郭泰鸿　陶文杰　潘韶京

（按姓氏笔画排序）

特别鸣谢

仲向平　方龙龙　盛久远（系列专家组）

魏皓奔　赵一新　孙玉卿（综合专家组）

夏　烈　沈　勇（文艺评论家审读组）

图片作者

叶志凤　张　望　周　宇　胡　鉴　姜青青

贺勋毅　徐　晖　锈　剑　程　方

（按姓氏笔画排序）